Réviser son bac avec Le Monde

Français 1re, toutes séries

Une réalisation de rue des écoles

Avec la collaboration de :

Alain Malle
Valérie Corrège

En partenariat avec MAIF
ASSUREUR MILITANT

Comment optimiser vos révisions et être sûr(e) de maîtriser
en profondeur les thèmes et les enjeux du programme de français ?
Le jour du bac, comment rendre une copie qui saura faire toute la différence
et vous assurer la meilleure note possible ?

Pour vous y aider, voici une collection totalement inédite !
Elle est la première et la seule à vous proposer – en plus des révisions traditionnelles – d'étoffer vos connaissances grâce aux articles du *Monde*.
Citations, pistes de réflexion, arguments, exemples et idées clés : les articles sont une mine d'informations à exploiter pour enrichir vos dissertations et vos commentaires.
Très accessibles, ils sont signés, entre autres, par Pierre Assouline, Philippe Sollers, Yves Bonnefoy (entretien), Robert Solé, Michel Contat, etc.
Inspirée de la presse, la mise en pages met en valeur l'information et facilite la mémorisation des points importants.
Sélectionnés pour leur pertinence par rapport à un thème précis du programme, les articles sont accompagnés :

- de fiches de cours claires et synthétiques, assorties des mots clés et repères essentiels à retenir ;
- de sujets de bac analysés et commentés pas à pas pour une meilleure compréhension.

Sans oublier la méthodologie des épreuves et les conseils pour s'y préparer.

ISBN : 9782820801456

Achevé d'imprimer en mars 2014 par Maury.
Dépôt légal : mars 2014.

SOMMAIRE

LE PERSONNAGE DE ROMAN, DU XVIIE SIÈCLE À NOS JOURS

REPÈRES

Aux sources du genre : de l'auditeur au lecteur.

• Le terme « roman » a été utilisé pour la première fois au Moyen Âge, pour désigner un récit littéraire, généralement écrit en vers, rédigé en « roman » (en langue « vulgaire ») par opposition au latin. C'est cette forme du « roman » que troubadours et trouvères utilisent pendant tout le Moyen Âge, afin de raconter les exploits des chevaliers. Le récit écrit n'est alors qu'un support pour la mémoire, puisque la littérature est profondément orale : ses destinataires sont des auditeurs et non pas, comme aujourd'hui, des lecteurs. Cette littérature s'adresse d'ailleurs à un public restreint, celui des seigneurs et de leur cour.

• À travers ses romans (*Le Conte du Graal, Le Chevalier à la charrette*, etc.), l'un des auteurs les plus célèbres de cette période, Chrétien de Troyes, a ainsi su créer un genre narratif – enchaînant des épisodes suivis mais aussi entrelaçant différentes « histoires » – célébrer les exploits d'hommes valeureux dans un temps légendaire et mettre en relief les éléments culturels et religieux du XIIIe siècle. Ces trois aspects sont, précisément, les orientations qui guident, aujourd'hui encore, notre perception du « roman ». En effet, nous sommes attentifs à la façon dont chaque auteur module les spécificités du genre romanesque, au « héros » – motif central du roman – et enfin à la vision du monde qui transparaît à travers l'œuvre.

• Au XVIe siècle, grâce à la diffusion de l'imprimerie, le roman bénéficie d'un public plus large qui devient lecteur plus qu'auditeur. Les œuvres majeures sont les romans satiriques de Rabelais (*Pantagruel*, 1532, *Gargantua*, 1534, suivis de trois autres *Livres*) qui traitent dans un registre burlesque les thèmes majeurs de l'humanisme : éducation, religion, guerre.

Définition(s) et évolution du genre romanesque du XVIIe siècle à nos jours

Le roman a connu des formes et une reconnaissance variables entre le XVIIe siècle et notre époque. Quelles sont les sources du genre romanesque ? Quelles ont été les grandes étapes de son évolution ?

XVIIe siècle : du roman pastoral au roman d'analyse

Avec la Renaissance, les divertissements de Cour, les modes et les comportements se transforment : les spectacles et les arts remplacent ainsi peu à peu les tournois et autres jeux du Moyen Âge où la violence primait. Apparaît alors le **roman pastoral**, genre illustré par **Honoré d'Urfé** (*L'Astrée*) ou **Madeleine de Scudéry** (*Clélie*). Il met en scène, dans un territoire imaginaire, des personnages en habits de bergers ou de nymphes dont toute la vie est tendue vers l'amour et l'harmonie. Leurs parcours amoureux donnent des **récits très longs**, fondés sur le détail des émotions et des progrès faits par les protagonistes sur la « Carte du Tendre ». Cependant, ce type de romans, malgré son succès, se trouve **discrédité**. En effet, les personnages semblent d'une **perfection peu crédible** et l'atmosphère est ressentie comme **trop idyllique**.

Marie-Madeleine Pioche de La Vergne, comtesse de La Fayette (1634-1693), auteur du premier « roman psychologique ».

Le **roman d'analyse** est un autre genre très en vogue au XVIIe siècle. *La Princesse de Clèves*, de **Mme de La Fayette**, en est une parfaite illustration. Chef-d'œuvre du classicisme et du « roman d'analyse » ancré dans l'histoire récente (et non plus dans une Antiquité lointaine ou une histoire de légende), avec des personnages inspirés de personnes réelles, le roman évoque, dans une **langue très pure**, les troubles de la passion amoureuse dont il restitue les plus fines nuances.

Au XVIIe siècle, le roman est varié dans ses formes comme dans ses codes, et a un lectorat divers. Cependant certains points communs se dégagent : la **narration d'épisodes centrés autour de personnages** que le lecteur suit dans leur parcours ; **une prose au service de l'action** et de **la peinture des sentiments**.

XVIIIe siècle : l'essor du roman épistolaire

Dans la seconde moitié du XVIIe siècle, et tout au long du XVIIIe siècle, le **roman par lettres** se développe et connaît un grand succès.

La forme épistolaire permet à l'auteur de **jouer sur les frontières entre réalité et fiction**. Plusieurs de ces romans se présentent ainsi comme un échange réel de lettres, dont l'auteur affirme alors n'être que le découvreur et l'éditeur. Cela permet, bien sûr, de **contourner la censure ou la condamnation** (pour immoralité ou irréligion), mais cela offre également la possibilité de faire entrer plus facilement le lecteur dans un univers dont il pense qu'il est « vrai ».

En outre, le roman a **autant de narrateurs qu'il y a**

Portrait de Montesquieu, 1728 (Musée national du château de Versailles).

Portrait de Jean-Jacques Rousseau par Alain Ramsay, 1766.

de personnages écrivant les lettres. De ce fait, des points de vue divergents sur un même épisode se confrontent, et le lecteur a le plaisir de saisir les incompréhensions, de comparer les perceptions de chacun, comme s'il observait les faits selon une multiplicité d'angles.

XIXe siècle : le triomphe du roman réaliste

À la suite des Lumières, mais également sous l'influence du développement industriel et de l'essor de la bourgeoisie, le roman connaît, au XIXe siècle, un grand succès et s'oriente majoritairement vers une **représentation fidèle de la réalité sociale** sans se limiter à la classe dirigeante.
Le mouvement littéraire du **réalisme** s'attache ainsi à **décrire scrupuleusement les faits et gestes de personnages issus du « peuple » ou du « grand monde »**.
Dans la même lignée, le **naturalisme** poursuit cette ambition mais avec un aspect scientifique plus marqué. Pour Zola, **le roman doit être une sorte de « laboratoire »** grâce auquel on peut étudier les comportements humains, les révéler voire les dénoncer.

DEUX ARTICLES DU *MONDE* À CONSULTER

- **Le Zola bâtisseur d'Henri Mitterand** p. 10
(Michel Contat, 21 décembre 2001)
- **Émile Zola, solitaire et solidaire** p. 10-11
(Michel Contat, 27 septembre 2002)

Vers le contemporain

Aux XXe et XXIe siècles, le roman est toujours un **genre particulièrement prisé** par les auteurs, comme par le public, et la variété qui l'a toujours caractérisé s'accroît encore.
Certains romanciers creusent la veine du XIXe siècle et s'attachent à la description du réel. Parmi eux, de nombreux auteurs, marqués par la violence de la première moitié du XXe siècle, **prennent position par rapport à l'insupportable** (la guerre, le nazisme, toutes les formes de totalitarisme) **dans des romans engagés** : Céline, avec *Voyage au bout de la nuit*, Malraux, dans *L'Espoir*, Camus avec *La Peste*, etc.
Dans les années 1950, le **Nouveau roman** refuse la psychologie des personnages et toute subjectivité ; les auteurs de ce courant (Robbe-Grillet, Duras, Sarraute) ne livrent que l'extérieur des choses et des êtres, laissant au lecteur le soin de « construire » un personnage et un univers.
Enfin, **les frontières entre fiction et réalité se brouillent**, avec des genres comme **l'auto-fiction**, mêlant autobiographie et fiction.

Le roman, en offrant un univers fictionnel, permet au lecteur de s'évader du réel et de savourer les plaisirs de l'imagination. Mais, parce que le parcours de personnages individualisés forme le pivot de cet univers, le roman est en même temps un révélateur et une évasion de ce réel. Ses formes, extrêmement diverses, en font ainsi un outil privilégié pour interroger notre monde ainsi que nous-mêmes : notre « condition humaine » pour reprendre le titre d'un roman de Malraux.

ŒUVRES CLÉS

XVIIe : *La Princesse de Clèves*, premier grand roman d'analyse
Le récit de Mme de Lafayette s'ancre dans l'histoire réelle, le XVIe siècle, sous le règne d'Henri II, environ 120 ans avant sa rédaction. Les personnages sont inspirés de personnalités réelles de la Cour d'alors, mêlant ainsi réalité historique et fiction (ce qui offre aux lecteurs le plaisir du « décryptage »). La langue est extrêmement classique – absence d'oralité et mesure dans l'expression – pour mieux révéler les troubles et les secousses engendrés par la passion amoureuse.

XVIIIe : les chefs-d'œuvre du roman épistolaire
- Dans *Les Lettres persanes* (1721) Montesquieu évoque des thèmes majeurs de la philosophie des Lumières par la vision décalée de Persans voyageant en France.
- *La Nouvelle Héloïse* (1761) de Rousseau est la correspondance amoureuse entre deux amants. Cette œuvre préfigure les thèmes du romantisme.
- *Les Liaisons dangereuses* (1782), de Choderlos de Laclos, présentent les aventures libertines de deux héros scandaleux.

XIXe : réalisme et naturalisme
- L'ambition « totalisante » du courant réaliste est illustrée par le titre que choisit Balzac pour rassembler ses romans : *La Comédie humaine*. Loin de traduire une intention comique, ce titre signifie la volonté de saisir les masques et les divers états ou conditions des hommes.
- Flaubert (*L'Éducation sentimentale*) et Maupassant (*Une Vie*, *Pierre et Jean*) cherchent également à montrer aux lecteurs les parcours de personnages parfois très humbles, en privilégiant une narration objective.
- *Les Rougon-Macquart* œuvre sous-titrée par Zola « Histoire naturelle et sociale d'une famille sous le Second Empire », 20 romans (*Nana*, *Germinal*, *La Bête humaine*...) élaborés à partir d'enquêtes très fouillées, permettent à l'auteur de dresser un tableau complet de tous les milieux sociaux.

REPÈRES

Romans et histoire.

Anticipation

• Romans de Jules Verne anticipant sur des techniques inconnues à son époque : voyage spatial dans *De la terre à la Lune*, sous-marin dans *Vingt mille lieues sous les mers*, télévision dans *Le Château des Carpathes*.

• Principe de l'uchronie : Philip Roth, *Le Complot contre L'Amérique*, part de l'idée que Franklin Roosevelt n'a pas remporté les élections en 1941. Charles Lindbergh, devenu président, signe un traité de non-agression avec l'Allemagne nazie – Éric-Emmanuel Schmitt, *La Part de l'autre*, où Hitler réussit son examen d'entrée aux Beaux-Arts de Vienne, bouleversant ainsi l'histoire de la seconde moitié du XXe siècle.

Romans ancrés dans une époque

• Balzac, *La Comédie humaine*, pour « faire concurrence à l'état civil ».

• Zola, *Les Rougon-Macquart*, somme romanesque de vingt volumes présentée comme « L'Histoire naturelle et sociale d'une famille sous le Second Empire ».

• Stendhal, *Le Rouge et le Noir*, « Chronique de 1830 ».

Romans historiques

• L'époque de Louis XIII : Alexandre Dumas, *Les Trois Mousquetaires*.

• Les guerres de religion, le massacre de la Saint-Barthélemy : Alexandre Dumas, *La Reine Margot*.

Témoins ou acteurs d'événements historiques

• La guerre de 14-18 : Barbusse, *Le Feu* ; Roland Dorgelès, *Les Croix de bois*.

• La guerre civile espagnole de 1936 : Malraux, *l'Espoir*.

• L'univers concentrationnaire pendant la Seconde Guerre mondiale : Jorge Semprun, *Le Grand Voyage* et *L'Écriture ou la Vie*.

• Le colonialisme en Afrique du Nord : Driss Chraïbi, *Le Passé Simple* et *Les Boucs* ; en Afrique noire : Sembène Ousmane, *Les Bouts de bois de Dieu*.

• La révolution communiste en Chine : Malraux, *La Condition humaine*.

Dissertation : Dans quelle mesure la lecture des romans permet-elle de connaître une période historique et une société ?

Honoré de Balzac.

L'intitulé complet du sujet

Un philosophe a déclaré qu'il avait beaucoup plus appris sur l'économie et la politique dans les romans de Balzac qu'en lisant les économistes et les historiens. Dans quelle mesure la lecture des romans permet-elle de connaître une période historique et une société ? Vous rédigerez un développement structuré, qui s'appuiera sur les textes du corpus, les romans que vous avez étudiés en classe et vos lectures personnelles.

L'analyse du sujet

Exposer les éléments de la problématique : paradoxe de la « fiction » romanesque se posant en concurrente de l'histoire. Citer la question et dégager son aspect provocateur.

Introduction

Nous nous attacherons tout d'abord à voir quand et comment les romans peuvent être de bons professeurs d'histoire et d'économie et permettent de connaître les milieux sociaux dans lesquels évoluent les personnages, puis nous verrons en quoi ces enseignements trouvés dans les romans peuvent être sujets à caution du fait que le romancier est d'abord un écrivain, un artiste qui exprime sa vision de la société en visant un engagement ou dans une perspective essentiellement esthétique. Enfin, nous réfléchirons à d'autres objectifs des romanciers, et attentes des lecteurs de romans, que de s'intéresser à la dimension historique ou sociale de la vie humaine.

Le plan détaillé du développement

I. Les romans peuvent permettre de connaître une certaine période historique, une société donnée.

a) Des romans à vocation « historique »

Romans historiques : romans se proposant de faire revivre telle ou telle période de l'histoire à travers les aventures de personnages de fiction.

Exemples : la révolte antirépublicaine des paysans bretons dans *Les Chouans* de Balzac ou *Quatre-vingt-treize* de Victor Hugo.

b) Les romans ancrés dans une situation historique

Romans fortement et volontairement ancrés dans une situation historique précise qui leur sert de cadre permettant aux lecteurs de s'immerger dans une époque, un milieu.

Exemples : romans réalistes et naturalistes du XIXe siècle tels que *Le Rouge et le Noir* de Stendhal, sous-titré « Chronique de 1830 » – *Madame Bovary* de Gustave Flaubert, sous-titré « Mœurs de province ».

c) L'évolution des personnages dans un contexte social

Romans construits autour de personnages qui évoluent dans un contexte social dont le lecteur s'imprègne, presque malgré lui.

Exemples : *Thérèse Desqueyroux* de François Mauriac, l'action se situe dans la bourgeoisie du bordelais,

Ce qu'il ne faut pas faire

Développer une argumentation tranchée dans un seul sens, l'expression « dans quelle mesure » invitant à rechercher des nuances.

catholique et bien-pensante de la première moitié du XXe siècle – *Les Choses*, de Georges Pérec, 1965, sous-titré « Une histoire des années soixante », restituent les débuts de la société de consommation.

II. Les romans traduisent une certaine vision de la société, par une écriture qui reflète la sensibilité et l'univers personnels des romanciers

a) Les romanciers et l'objectivité

Les romanciers ne peuvent prétendre à la véracité et l'objectivité des historiens. Ils ne peuvent s'empêcher de défendre une vision de l'histoire et des événements, de manière assez subjective, voire partisane.
Exemple : Vision particulièrement critique du peuple dans *L'Éducation sentimentale*, de Flaubert – à l'opposé *La Fortune des Rougon*, de Zola, donne une vision sublimée du peuple.

b) L'engagement de l'auteur

Le roman peut même devenir un instrument précieux au service de l'engagement de l'auteur et doit donc être perçu comme tel et non comme un témoignage objectif sur l'histoire ou la société.
Exemples : *Germinal* de Zola est un roman de la lutte des classes – avec *Le Dernier Jour d'un condamné* et *Claude Gueux*, Victor Hugo s'engage contre la peine de mort.

c) La sensibilité des auteurs

Les romanciers ne se contentent pas de rendre platement compte de la réalité sociale, ce sont avant tout des écrivains qui expriment leur sensibilité et s'adressent à la sensibilité des lecteurs, à travers un style efficace qui leur est propre et en utilisant les ressources de la création romanesque.
Exemples : sublimation des foules révoltées chez Zola, les figures emblématiques du peuple chez Hugo (Jean Valjean, Cosette, Gavroche) – dans *La Condition humaine*, Malraux fabrique, avec sa sensibilité et dans un autre style, le mythe du héros révolutionnaire.

III. Le roman peut avoir d'autres préoccupations que de vouloir rendre compte d'une réalité historique ou sociale

a) Les situations universelles

Le roman manifeste surtout un intérêt pour les situations universelles, les passions éternelles, indépendamment de leur contexte historique ou social.
Passion amoureuse : *La Princesse de Clèves* de Mme de Lafayette – *Le Lys dans la vallée* de Balzac avec Mme de Morsauf – *L'Écume des jours* de Boris Vian avec Colin et Chloé.
Illustration de l'ambition, de l'arrivisme : romans de formation du XIXe : Julien Sorel, Rastignac, Bel Ami...
Exaltation des sens et de la vie : *Nourritures terrestres* de Gide, avec le personnage de Nathanaël.

Gustave Flaubert.

b) Le roman philosophique

Le roman peut également emprunter une autre voie, très éloignée des préoccupations sociales, celle des idées, de la philosophie.
Exemple : philosophie existentialiste théorisée dans *L'existentialisme est un humanisme* (essai) et illustrée dans *La Nausée* de Sartre.
L'absurde est « romancé » dans *L'Étranger*, après avoir été théorisé dans *Le Mythe de Sisyphe* (essai) par Camus.

c) D'autres voies romanesques : écriture et jeu

Enfin, certains romans s'écartent délibérément de tout ancrage social ou historique, voire de toute vérité historique.
Exemple : Le Nouveau roman préfère « l'aventure de l'écriture » à « l'écriture d'une aventure. » *La Jalousie*, *Les Gommes* d'Alain Robbe-Grillet – *La Modification* de Michel Butor.
Jeu des contraintes formelles de l'Oulipo : *La Disparition* de Georges Pérec, sur le principe du lipogramme, en faisant disparaître la lettre *e*.

Conclusion

Il faut récapituler les éléments de la réflexion, ouvrir sur la grande richesse du genre romanesque qui évolue sans cesse et continue de solliciter, à la fois, l'histoire et l'imaginaire. ■

SUJET TOMBÉ AU BAC SUR CE THÈME

Question liminaire

– Quelles visions du peuple les trois extraits du corpus donnent-ils ? (Sujet national, 2011, séries ES, S)
Corpus : Victor Hugo, *Les Misérables* – Gustave Flaubert, *L'Éducation sentimentale* – Émile Zola, *La Fortune des Rougon*.

EXTRAITS CLÉS

Gavroche

Gavroche participe à l'émeute parisienne de juin 1832.

« Gavroche, complètement envolé et radieux, s'était chargé de la mise en train. Il allait, venait, montait, descendait, remontait, bruissait, étincelait. Il semblait être là pour l'encouragement de tous. Avait-il un aiguillon ? oui certes, sa misère ; avait-il des ailes ? oui certes, sa joie. Gavroche était un tourbillonnement. On le voyait sans cesse, on l'entendait toujours. Il remplissait l'air, étant partout à la fois. C'était une espèce d'ubiquité presque irritante ; pas d'arrêt possible avec lui. L'énorme barricade le sentait sur sa croupe. »
(Victor Hugo, *Les Misérables*, 1862.)

Le saccage des Tuileries

Frédéric assiste au saccage du palais des Tuileries au cours de la révolution de 1848.

« Tous les visages étaient rouges ; la sueur en coulait à larges gouttes [...]. Et poussés malgré eux, ils entrèrent dans un appartement où s'étendait, au plafond, un dais de velours rouge. Sur le trône, en dessous, était assis un prolétaire à barbe noire, la chemise entrouverte, l'air hilare et stupide comme un magot. D'autres gravissaient l'estrade pour s'asseoir à sa place. "Quel mythe ! dit Hussonnet. Voilà le peuple souverain !" »
(Gustave Flaubert, *L'Éducation sentimentale*, 1869.)

Insurrections républicaines

Le coup d'État du 2 décembre 1851 suscite des insurrections républicaines en Provence.

« La bande descendait avec un élan superbe, irrésistible. Rien de plus terriblement grandiose que l'irruption de ces quelques milliers d'hommes dans la paix morte et glacée de l'horizon [...]. Quand les derniers bataillons apparurent, il y eut un éclat assourdissant. La *Marseillaise* emplit le ciel, comme soufflée par des bouches géantes dans de monstrueuses trompettes qui la jetaient, vibrante, avec des sécheresses de cuivre, à tous les coins de la vallée. »
(Émile Zola, *La Fortune des Rougon*, 1871.)

Le Zola bâtisseur d'Henri Mitterand

Le deuxième volume de cette monumentale et passionnante biographie couvre les années de création des Rougon-Macquart.

POURQUOI CET ARTICLE ?
Critique du deuxième volume de la biographie de Zola, par Henri Mitterand. Elle présente **le bâtisseur qui compose en vingt-cinq années de travail acharné vingt romans, « kaléidoscope de la société française » sous le Second Empire.** Chaque livre a puisé autant dans la vie personnelle d'Émile Zola que dans les dossiers qu'il constituait, à la manière d'un journaliste.

La sympathie comme moyen d'approche et de connaissance... Jacques Lecarme a ainsi écrit son essai sur Drieu La Rochelle, un auteur qui « n'a rien pour plaire », moins comme une thèse que comme « une autobiographie de lecteur passionné ». Jean Roudaut de son côté, a noué une relation profonde, du côté du lac de Genève, avec Robert Pinget et étudié l'œuvre de celui-ci considérée comme une « machine à corrosion ». Henri Mitterand enfin, après sa traversée textuelle des manuscrits et des livres de Zola, dresse au bénéfice de son auteur un impressionnant monument biographique. Jacques Lecarme oppose celui qu'il considère comme un bouc émissaire à Aragon, Berl, Brasillach, Céline, Malraux et Nizan.

Faut-il trois mille grandes pages pour éclairer la biographie de l'un des écrivains les mieux connus du XIXe siècle ? La réponse est oui, d'autant plus enthousiaste que mille pages sont encore à venir. Savoir qu'Henri Mitterand, ce grand chercheur, aussi travailleur et passionné que le fut son modèle, et qui lui a repris sa devise « *Nulla dies sine linea* », est en train d'écrire le troisième et dernier tome de son Zola, au rythme régulier de trois pages publiables par jour, rempli d'une attente fiévreuse.

Car il se joue dans ce livre formidablement érudit beaucoup plus qu'une biographie : la dialectique complexe de l'homme et de l'œuvre, problème évacué des études littéraires.

Naguère, on avait, d'un côté, l'étude « immanentiste » s'enfermant méthodiquement dans la clôture du texte, et, de l'autre, l'accumulation « positiviste » de faits concernant la vie d'un créateur, au lieu d'une véritable enquête historique. Au début des années 1970, la tentative « totalisante » de Sartre avec *L'Idiot de la famille* – un lansonisme modernisé à la lumière du marxisme et de la psychanalyse – a suscité beaucoup d'incompréhension. Mitterand s'y est pris autrement. Le parcours proprement textuel, la traversée des manuscrits, l'édition des textes, de la correspondance, l'analyse, roman par roman, article par article, la discussion sur l'esthétique de Zola, la mise en question du dogme « naturaliste » par l'œuvre elle-même, cette usine à fantasmes, Henri Mitterand l'a accompli d'abord. Il travaille et publie sur Zola depuis un demi-siècle, il a donné l'élan à de fourmillantes études zoliennes. Ce qui fait l'intérêt de sa recherche, et sa superbe réussite, c'est que, parti de la lecture marxisante des œuvres de Zola, il a ensuite changé sa perspective pour déconstruire ces livres avec les outils précis de la sémiotique.

En manière de couronnement d'une aussi longue et minutieuse investigation, il retourne, parfaitement équipé, à un grand récit biographique. Il montre comment, lancé par le projet quasi scientifique de donner « l'histoire naturelle et sociale d'une famille sous le Second Empire », chaque livre, de *La Fortune des Rougon* au *Docteur Pascal*, a puisé autant dans la psyché et la vie personnelle d'Émile Zola – très compliquées, l'une et l'autre ! – que dans les dossiers qu'il constituait, à la manière d'un journaliste ambitionnant de devenir savant, pour mener à bien son projet prométhéen. Les premiers chapitres d'une biographie sont presque toujours des dédales généalogiques où l'auteur guide son lecteur, qui attend le héros. Plus l'auteur en sait, plus le lecteur s'y perd. Mitterand, qui ne laisse rien dans l'ombre, avait éprouvé notre patience en mettant en place les acteurs du drame.

Débâcle financière qui suit la conception et la construction d'un barrage et d'un canal à Aix-en-Provence par le père, Francesco Zola, ingénieur d'origine vénitienne. Quasi-misère où tombe sa jeune femme beauceronne lorsqu'il meurt. Émile orphelin de père à sept ans. Ce traumatisme, aggravé par l'anxiété de la mère, contribuera à faire du jeune collégien d'Aix, avec son ami fils de banquier Paul Cézanne, un garçon révolté et ambitieux, affligé pourtant de timidités paralysantes. Collé au bac, il « monte » à Paris, vit une bohème peineuse, se met en ménage avec une pauvresse qui le désespère. À vingt-deux ans, il est commis chez Hachette, devient vite chargé de la publicité, se constitue un carnet d'adresses... et se lance à l'assaut du monde littéraire, comme chroniqueur et bientôt critique d'art, défendant contre tous l'*Olympia* de son ami Manet. Il est animé par l'unique passion d'être supérieur. À qui ? À Balzac, à Hugo. Il décide de vivre de sa plume, accumule les piges, publie quelques romans, dont seul *Thérèse Raquin* obtient de l'attention.

Le premier tome laissait Zola, marié à Alexandrine, replié à Marseille puis à Bordeaux, après la débâcle devant les armées prussiennes et la chute de l'Empire, suivant de loin, en bourgeois timoré, les excès de la Commune. Le deuxième tome le reprend à Paris, s'effarant des excès de la répression. Il est républicain dans l'âme, ses ennemis le déclarent socialiste, autant dire le désignent à la police. Pour lui les choses sont plus simples : qui s'intéresse littérairement au monde social est socialiste. La biographie, alors devient passionnante, car elle raconte avec les détails nécessaires, l'histoire d'une construction parfaitement préméditée, mais dont la réalisation est aussi hasardeuse et aventureuse que l'érection d'un ouvrage d'art, au sens technique de ce terme. Zola l'ingénieur. L'architecte. Le bâtisseur. Vingt-cinq ans de travail acharné pour vingt romans, vertigineux kaléidoscope de la société française, forée jusqu'aux tréfonds. Avec deux succès qui inaugurent l'ère des best-sellers : *L'Assommoir* (les malheurs du peuple), *Germinal* (sa révolte). Et, à quarante-huit ans, au moment où lui poussait une bedaine d'homme dévirilisé par le mariage, la rencontre d'une jeune femme angélique, Jeanne, qui lui donne deux enfants et avec qui il construit un deuxième ménage, parallèle. Car ce roman vrai raconte le développement de deux entreprises : une carrière, une œuvre. Prise entre les deux, douloureuse, une vie. Au bout du compte, dira le troisième tome, une vie réussie. La preuve ? Elle passionne encore. ■

Michel Contat
(21 décembre 2001)

Émile Zola, solitaire et solidaire

Les dernières années de l'auteur des *Rougon-Macquart* racontées par son biographe passionné, Henri Mitterand.

Émile Zola meurt le 29 septembre 1902. Quelques jours plus tard, une foule importante accompagne sa dépouille au cimetière Montmartre. Puis, ses cendres seront transférées au Panthéon en 1908. Mais cette gloire ne doit pas faire illusion. Henri Mitterand, dans le troisième et dernier volume de sa somme biographique, montre que la puissance créatrice de Zola et son courage politique ne furent pas toujours bien jugés. Jean Bedel développe même l'hypothèse de son assassinat...

Au sortir de ce monument en trois volumes, trois mille pages en tout, consacré à cet homme-siècle que fut aussi Émile Zola, le lecteur partage presque également son admiration entre l'auteur du portrait et son sujet. On a déjà dit ici l'excellence de l'entreprise, lors de la parution, l'année dernière, du deuxième volume. Connaissance exhaustive de la carrière littéraire de Zola, vive pénétration de l'œuvre jusque dans les soutes de ses plans, scénarios, manuscrits, hauteur de vues à la fois esthétique, politique et morale, le Mitterand prend place dans les grands classiques de la biographie et unit, peut-être pour la première fois, la saisie de l'historien et celle du critique littéraire. L'auteur doit à son modèle un sens du récit, de la mise en perspective, de la vaste entreprise, et aussi de la performance. N'a-t-il pas écrit en moins d'un an les 860 pages de ce troisième volume pour être présent au rendez-vous du centième anniversaire avec la biographie achevée, plus un album iconographique de très belle facture et d'efficace commentaire, plus encore l'édition de manuscrits intéressant la genèse des *Rougon-Macquart* ?

Le deuxième volume s'achevait sur la rédaction, la publication et la réception de l'épilogue des *Rougon-Macquart*, le vingtième livre de cette « histoire naturelle et sociale d'une famille sous le Second Empire », *Le Docteur Pascal*. Zola s'identifiait pour une bonne part à son personnage, Pascal Rougon, qui poursuit ses recherches sur l'hérédité en prenant pour exemple sa propre famille, et tombe amoureux de la jeune nièce qu'il a recueillie. Malgré leur différence d'âge, ils vivent une passion consentie, et la jeune femme donne naissance à leur enfant après la mort du docteur. C'était évidemment une transposition de la passion qui a lié Zola jusqu'à la fin de ses jours à Jeanne Rozerot, la lingère de son épouse Alexandrine, restée sans enfant, alors que Jeanne donne à Zola deux enfants qui feront son bonheur d'homme installé dans deux foyers. Nous suivons le développement de cette histoire intime tout au long des années de combat politique et littéraire qui font l'objet du troisième tome, justement intitulé *L'Honneur*.

Car il y aurait beaucoup de bassesse à reprocher à Zola d'avoir mené cette double vie, gardé Jeanne dans une quasi-clandestinité, avec l'accord de sa femme. Alexandrine, après la violente crise qui suit la révélation de son « infortune », finit par sagement comprendre qu'elle garde la place prééminente de l'épouse, de l'alliée publique. Sa vie de femme est brisée, elle le rappellera chaque fois qu'il le faut à son mari, et Mitterand ne sait jusqu'à quel point elle joue inconsciemment de sa souffrance pour interdire à Zola de donner une place plus grande à son deuxième ménage dans l'emploi rigoureux de son temps. Elle accepte Jeanne, à condition qu'elle et les enfants restent dans l'ombre, et Jeanne se résigne, d'abord parce qu'elle jouit à demeure du bonheur d'être mère et de son bonheur d'amante. Les féministes se récrieront. Qu'aurait dû faire Zola ? Braver l'interdit victorien ? Quitter son épouse ? Revendiquer sa double vie ? Dans ce cas, il y aurait bien eu une affaire Dreyfus, mais pas de « J'accuse » et pas de victoire finale pour l'innocent injustement dégradé et envoyé au bagne. *Le Docteur Pascal*, où Zola évacue des flots de culpabilité intérieure, s'achève sur l'image de la jeune femme donnant le sein au bébé qui vient de naître. Triomphe de la vie. Que célébrera encore Zola dans le premier de ses *Quatre Évangiles*, *Fécondité*, à la fois hymne à la natalité, à la femme nourricière contre la vierge décadente, et réflexion sur la nécessaire repopulation de la France (qui, il s'en doute, aura besoin de forces pour un affrontement avec l'Allemagne !). « Que de lait, que de lait ! » Mitterand ne peut s'empêcher de citer Flaubert devant ces débordements. On lui en sait gré, lui qui partage l'optimisme vitaliste de Zola.

Combat

Sans cet optimisme, sans la conviction d'une victoire possible de la raison, de la justice, de la laïcité, de la société civile sur l'obscurantisme, l'injustifiable raison d'État, la mainmise de l'Église et de l'Armée sur la société dans son ensemble, Zola se serait-il lancé dans le combat pour faire reconnaître l'innocence de Dreyfus, combat où il risquait sa vie, sa liberté, ses revenus ? Qui d'autre avait l'autorité nécessaire, la puissance du verbe pour défier ainsi les pouvoirs ? Victor Hugo était mort en 1885, Flaubert en 1880 – et le pessimisme de l'ermite de Croisset l'avait depuis longtemps entraîné à tourner le dos aux malheurs des autres. Quant aux écrivains, ils se passionnent pour leurs écoles littéraires. Le naturalisme dont Zola s'est fait le théoricien domine, des dissidences se dessinent ; le symbolisme plane. Que les politiques se débrouillent.

Zola seul donc. Se voulant seul. Mais solidaire. On le sait, il ne s'est pas mobilisé dès la condamnation d'Alfred Dreyfus, en décembre 1894, pour clamer son innocence. Cette condamnation n'entre pas vraiment dans son champ de vision. Pourtant, le 16 mai 1896, révolté par la campagne antisémite d'Édouard Drumont et de *La Libre Parole*, il écrit dans *Le Figaro* « Pour les Juifs », un article où Dreyfus n'est pas mentionné, mais où, pour nous, s'annonce évidemment l'engagement fulgurant de Zola en sa faveur.

À vrai dire, toute son œuvre antérieure l'annonçait, l'appelait. *Les Rougon-Macquart* déroulent une immense fresque qui est forcément un plaidoyer pour la justice sociale, puisque c'est la misère qui engendre les iniquités et la violence. Après avoir accompli cette œuvre, Zola entreprend de l'élargir dans le temps et l'espace par une radiographie des pouvoirs. *Lourdes* d'abord, vaste enquête, tableau de la foi vécue dans l'irrationalité totale, la souffrance des corps et le refus de la science. *Rome* ensuite, la mise à nu du pouvoir temporel de l'Église catholique, sur les ruines de l'empire romain et reprenant son ambition de conquête du monde. *Paris*, enfin, la grande ville, celle des années 1892-1894, au présent de l'écriture, où coexistent encore, sous le risque permanent de l'explosion, tous les milieux sociaux, de la grande bourgeoisie financière et possédante aux bas-fonds misérables et dépravés. Dans ces *Trois villes*, qui sont aussi une forme nouvelle du roman où il ne craint pas l'anticipation, la dénonciation des tares de la société se fait de plus en plus radicale. Zola républicain se dirige vers le socialisme, avec beaucoup de nuances et d'inflexions personnelles. Dans *Les Quatre Évangiles* (*Fécondité*, *Travail*, *Vérité*, *Justice* – ce dernier resté à l'état de projet), on le verra traverser de façon critique les théories de l'anarchisme, du marxisme tendance guesdiste, de l'utopie fouriériste, pour se diriger vers une conception socialiste proche de Jean Jaurès, avec un combat mûrement réfléchi pour l'instruction laïque. À ces œuvres, mais aussi aux tentatives de Zola au théâtre et à l'opéra, Mitterand consacre à chaque fois des chapitres qui sont de véritables études sociocritiques autant que littéraires. C'est l'œuvre même qui prend le devant dans cette biographie, puisque aussi bien la vie de Zola est vouée à plein temps à l'enquête et à l'écriture, à l'invention d'un monde qui devait régénérer le monde réel par la mise à nu de ses mécanismes, mais aussi par le dessin d'un avenir possible de réconciliation.

Un engagement total

La part éclatante de ce volume est évidemment constituée par le récit de l'intervention de Zola dans l'affaire Dreyfus, cet engagement total qui en fait réellement une affaire nationale, laquelle mène le pays au bord de la guerre civile, par la faute d'un état-major imbécile, d'un clergé obscurantiste et d'un gouvernement républicain lâche et maladroit. Sous la plume de Mitterand, la décision d'écrire « J'accuse », en janvier 1897, le procès de Zola, sa condamnation, son exil volontaire à Londres, son retour un an après, ses tentatives d'obtenir un deuxième procès pour éviter à Dreyfus le déshonneur d'une grâce et aux coupables l'échappatoire d'une amnistie, sa victoire finalement, aux yeux de l'Histoire (la revanche des antidreyfusards, ce sera l'État vichyssois, qui n'a eu qu'un temps), deviennent un roman historique passionnant, parce que formidablement vrai et exemplaire. Il existe sur l'Affaire de fort bons livres, en tout premier lieu celui de Jean-Denis Bredin, mais, pour qui se préoccupe de savoir comment les idées et les formes agissent dans l'histoire, *Zola : L'Honneur* est une lecture indispensable. ■

Michel Contat

(27 septembre 2002)

POURQUOI CET ARTICLE ?

Critique du troisième volume de la monumentale biographie consacrée à Zola par Henri Mitterand qui rétablit certaines vérités sur le maître du naturalisme et rappelle que **son « réalisme » a aussi été un engagement social et politique**, notamment dans l'affaire Dreyfus.

ZOOM SUR...

Le narrateur et les points de vue narratifs.

Le narrateur
Il est celui qui narre, c'est-à-dire qui raconte l'histoire.
• Dans un récit à la première personne, il est le « je » qui s'exprime et peut intervenir dans l'histoire en tant que personnage. Attention, cependant, à ne pas le confondre avec l'auteur, qui a écrit le livre. Cette distinction entre auteur et narrateur ne s'abolit que dans les récits autobiographiques, fondés justement sur le principe que l'auteur du livre raconte sa propre vie (c'est ce que l'on appelle le « pacte autobiographique »).
• Dans un récit à la troisième personne, le narrateur n'est pas un personnage de l'histoire : il s'efface derrière les événements narrés. Pourtant, tout récit est forcément raconté à partir d'un certain point de vue : bien que le narrateur ne dise pas « je », il peut manifester sa présence (son jugement, ses sentiments), par exemple, à travers des modalisateurs.
• Pour faire partager au lecteur l'intériorité des personnages, le romancier a le choix entre trois points de vue narratifs ou « focalisations ».

La focalisation zéro
Également appelée point de vue omniscient. Le romancier est « tout-puissant » : il sait tout de son héros et des personnages du roman et livre leurs pensées les plus intimes.

La focalisation interne
Elle permet de connaître les émotions ou les jugements du héros, mais pas ceux d'autres personnages. Le lecteur ne surplombe plus la « population » du roman, il est avec l'un d'entre eux et découvre, en même temps que lui, et de l'extérieur, comme lui, les réactions des autres personnages. Ce mode de focalisation facilite l'identification au héros.

La focalisation externe
Elle fait du romancier une « caméra » enregistrant l'extérieur des choses. Cette technique laisse le lecteur construire lui-même ses interprétations, et affirme que le monde est opaque, impénétrable.

Le personnage de roman : du héros à l'anti-héros

Un roman est une œuvre en prose, assez longue, retraçant le parcours d'un « héros ». Comment se constitue l'identité du personnage, et que recouvre précisément le terme *héros* ?

Qui est le personnage de roman ?

Le personnage principal du roman s'oppose au héros antique ou à celui du théâtre tragique : il n'a pas la grandeur et la noblesse des héros légendaires, il ne représente pas la lutte digne face à un destin implacable. De manière nettement moins glorieuse ou grandiose, **il incarne des sentiments et un parcours qui pourraient être ceux des lecteurs.**
Bien sûr, le protagoniste peut vivre des aventures extraordinaires ou faire preuve d'une grandeur admirable. Mais, depuis le XVIIe siècle, les romanciers cherchent à faire vivre des personnages qui soient proches de leurs lecteurs et de leur quotidien. Le « héros » est alors dénommé comme tel en tant qu'il est **le pivot du roman**, et non plus selon la définition étymologique : il n'est plus un demi-dieu. Le roman met en scène **un personnage qui est face au monde, un être nuancé, aux réactions complexes et diverses**.
Selon le genre du roman ou le mouvement littéraire auquel il appartient, le personnage ne sera pas le même et s'adressera, ainsi, à différents sentiments ou aspirations de son lecteur :
– le héros incarne les **désirs d'exploration** et l'ambition dans les **romans d'aventures et d'action** ;
– le personnage est **soumis aux affres de la passion** et est pris dans les contradictions ou les doutes de ses sentiments et de ses désillusions dans le **roman d'analyse** et le mouvement littéraire du **romantisme** ;
– le protagoniste cherche à affronter le monde et est **avide d'ascension sociale** dans le **roman réaliste** ;
– le personnage **interroge le monde et l'individu** dans les œuvres du XXe siècle, etc.
Dans le roman réaliste traditionnel, il arrive que l'auteur lui-même intervienne dans le récit et que sa voix recouvre celle du narrateur. L'analyse littéraire désigne habituellement ce phénomène sous le nom d' **« intrusion d'auteur »**. Mais s'agit-il bien de l'auteur ? La question reste en suspens.
« Nous avouerons que notre héros était fort peu héros en ce moment. Toutefois la peur ne venait chez lui qu'en seconde ligne ; il était surtout scandalisé par ce bruit qui lui faisait mal aux oreilles. » (Stendhal, *La Chartreuse de Parme*, 1838) L'emploi de « nous, notre » fait apparaître un narrateur qui peut être identifié à Stendhal lui-même en train de créer son « héros ».

Cosette chez les Thénardier par Émile Bayard (1837-1891).

Comment existe le personnage de roman ?

Le romancier crée, dans son œuvre, **un « être de papier »** : cet être de fiction n'a, par définition, aucune existence réelle (ce qui l'oppose aux personnages de l'autobiographie).
Toutefois, afin que le lecteur puisse s'identifier au personnage, le romancier doit donner l'illusion du réel. Il utilise, pour ce faire, de nombreux « outils » grâce auxquels le personnage prend chair dans l'épaisseur du livre.

La caractérisation du personnage se fait par l'intermédiaire de plusieurs « techniques ». **La description** est, bien sûr, l'outil privilégié du romancier qui veut « donner à voir » son personnage. **Les images (comparaisons et métaphores)** sont également essentielles pour concrétiser un trait de caractère, par exemple. Quant à **la focalisation**, elle permet des variations dans la présentation et la découverte du héros, engageant parfois le sens de l'œuvre tout entière. Il en existe trois types : **la focalisation « zéro »** où le narrateur est omniscient, **la focalisation interne** qui fait entrer le lecteur dans la conscience d'un personnage ou, au contraire, **la focalisation externe** qui le place en situation d'observateur.

Jeanne Le Perthuis des Vauds, *Une vie*, dessin d'A. Leroux, gravure de G. Lemoine, 1883.

Du héros à l'anti-héros

Comme on l'a vu, contrairement au sens étymologique, le héros de roman n'est pas un demi-dieu de légende, il est plus proche de la réalité. Il a donc la **capacité,** d'une part, **d'exprimer les nuances des individus** et, d'autre part, **d'incarner différentes conceptions de l'homme**, selon les époques.
Les personnages de romans portent encore parfois les **valeurs des héros chevaleresques**, ils sont alors des « modèles » dans le domaine social, moral, spirituel, etc.
Cependant, ils peuvent tout aussi bien être **des héros « médiocres »**. Enfermés dans leur condition sociale ou familiale, ils ne sont pas armés pour lutter ou manquent de grandeur. Claude Lantier, dans *L'Œuvre* de Zola, se suicide après avoir compris qu'il n'atteindrait jamais son idéal. Jeanne, dans *Une Vie*, de Maupassant, est littéralement écrasée par la société. Ces personnages sont ce que l'on appelle des **« anti-héros »**. Les romanciers peuvent à travers eux exprimer toute une **veine satirique** et effectuer, parfois, une véritable charge contre la société.

Au XXe siècle, l'anti-héros est toujours présent, mais on assiste également à ce que l'on pourrait appeler la **« mort du héros »** :
– du fait des deux guerres mondiales, le doute s'installe sur la capacité de l'homme à maîtriser le monde. **La foi dans le progrès (le positivisme) est battue en brèche** et la notion de personnage s'en ressent. Loin d'être un surhomme, ou même un homme ordinaire, le héros des romans du XXe siècle se délite et se décompose ;
– selon les auteurs du **Nouveau roman** (mouvance née dans les années 1950, à Paris), **le roman n'est pas un moyen de connaissance**. Il est, avant tout (et peut-être seulement), une écriture. Beckett, par exemple, propose, dans ses romans, de longs monologues, ou discours, de personnages dont on ne sait presque rien. Les consciences sont impossibles à explorer, tout est opaque ou morcelé, les points de vue sur un même objet se multiplient sans former une image nette ; le personnage n'est plus qu'**une conscience sans certitudes,** il est presque englouti. ■

DEUX ARTICLES DU *MONDE* À CONSULTER

- **Nancy Huston, « L'enfance n'est pas drôle »** p. 16
(Robert Solé, 22 mai 2009)

- **Dans les coulisses de la fiction** p. 17
(Patrick Kéchichian, 25 octobre 1996)

REPÈRES

Les techniques de caractérisation du personnage.

Caractérisation directe
Le héros est d'abord caractérisé par sa désignation : un prénom et un nom. Certains patronymes donnent ainsi un « indice » sur le caractère ou la condition sociale du personnage.
Son identité est complétée par un physique, des vêtements, l'appartenance à un certain milieu, l'environnement familial, etc. Zola, dans les *Rougon-Macquart*, ajoutera à ces éléments la notion d'hérédité avec des personnages de plusieurs générations différentes appartenant à la même famille.
Une caractérisation psychologique peut également être utilisée. Chez Balzac, le physique et le caractère sont souvent liés : Madame d'Espard, femme du monde cruelle et intéressée, est ainsi dotée d'un « profil d'aigle ».

Caractérisation indirecte
Le héros peut aussi livrer des aspects de sa personnalité à travers des éléments « indirects » : ses gestes, ses actions, son comportement. De plus, les dialogues insérés dans le récit sont également porteurs d'indications sur le personnage.
Enfin, un objet ou un vêtement peuvent parfois fonctionner comme des symboles, donnant un éclairage essentiel sur le héros. Flaubert, par exemple, dans le portrait de Charles Bovary enfant, qu'il affuble d'une invraisemblable casquette, signe, dès les premières pages de l'œuvre, la condamnation de ce personnage.

Caractérisation dynamique
Le personnage de roman évolue constamment, au cours de l'œuvre. Dans *Le Rouge et le Noir*, Stendhal montre un Julien Sorel d'abord totalement absorbé par ses ambitions sociales, prêt à tout pour « réussir ». Puis, à la fin du roman, un homme se rapprochant, au contraire, de ses pairs, rejetant l'hypocrisie et l'ambition au profit de l'amour et de la solidarité.

REPÈRES

Les personnages des Misérables *de Victor Hugo, sont devenus, pour la plupart, des figures emblématiques.*

La fille-mère héroïque
Fantine, belle et naïve ouvrière abandonnée avec une enfant pour laquelle elle fera tous les sacrifices. « Fantine était belle et resta pure le plus longtemps qu'elle put. C'était une jolie blonde avec de belles dents. Elle avait de l'or et des perles pour dot, mais son or était sur sa tête et ses perles étaient dans sa bouche. »

L'enfant martyr
Cosette, la fille de Fantine, maltraitée par les Thénardier qui l'ont recueillie. « Ses grands yeux enfoncés dans une sorte d'ombre étaient presque éteints à force d'avoir pleuré. Les coins de sa bouche avaient cette courbe de l'angoisse habituelle, qu'on observe chez les condamnés et chez les malades désespérés. »

Le couple cupide et cruel
Les Thénardier qui exploitent odieusement la naïveté de Fantine et martyrisent Cosette. « Ces êtres appartenaient à cette classe bâtarde composée de gens grossiers parvenus et de gens intelligents déchus, qui est entre la classe dite moyenne et la classe dite inférieure, et qui combine quelques-uns des défauts de la seconde avec presque tous les vices de la première (...). »

Le gamin de Paris
Gavroche, fils Thénardier, meurt glorieusement sur une barricade. « C'était un garçon bruyant, blême, leste, éveillé, goguenard, à l'air vivace et maladif. Il allait, venait, chantait [...] volait un peu, mais comme les chats et les passereaux, gaiement, riait quand on l'appelait galopin, se fâchait quand on l'appelait voyou. »

Le policier implacable
Javert qui traque Jean Valjean. « Quand Javert riait, [...] ses lèvres minces s'écartaient, et laissaient voir, non seulement ses dents, mais ses gencives, et il se faisait autour de son nez un plissement épaté et sauvage comme sur un mufle de bête fauve. »

Question liminaire :
Quelle image du héros de roman chacun de ces textes propose-t-il ?

Les textes

Texte 1
Une épidémie de peste sévit à Oran, en Algérie, dans les années quarante. Alors que le fléau disparaît, il fait une dernière victime en la personne de Tarrou, l'ami du médecin Rieux, héros du roman.
Cette forme humaine qui lui avait été si proche, percée maintenant de coups d'épieu, brûlée par un mal surhumain, tordue par tous les vents haineux du ciel, s'immergeait à ses yeux dans les eaux de la peste et il ne pouvait rien contre ce naufrage. Il devait rester sur le rivage, les mains vides et le cœur tordu, sans armes et sans recours, une fois de plus, contre ce désastre. Et à la fin, ce furent bien les larmes de l'impuissance qui empêchèrent Rieux de voir Tarrou se tourner brusquement contre le mur, et expirer dans une plainte creuse, comme si, quelque part en lui, une corde essentielle s'était rompue. La nuit qui suivit ne fut pas celle de la lutte, mais celle du silence.
(Albert Camus, *La Peste*, 1947.)

Texte 2
Romain, alors qu'il est lycéen, découvre un jour sa mère en proie à un malaise et apprend ainsi qu'elle est diabétique.
Je sentis qu'il fallait me dépêcher, qu'il me fallait en toute hâte écrire le chef-d'œuvre immortel, lequel, en faisant de moi le plus jeune Tolstoï de tous les temps, me permettrait d'apporter immédiatement à ma mère la récompense de ses peines et le couronnement de sa vie. Je m'attelai d'arrache-pied à la besogne. Avec l'accord de ma mère, j'abandonnai provisoirement le lycée, et, m'enfermant une fois de plus dans ma chambre, me ruai à l'assaut. Je plaçai devant moi trois mille feuilles de papier blanc, ce qui était, d'après mes calculs, l'équivalent de *Guerre et Paix*, et ma mère m'offrit une robe de chambre très ample, modelée sur celle qui avait fait déjà la réputation de Balzac. Cinq fois par jour, elle entrouvrait la porte, déposait sur la table un plateau de victuailles et ressortait sur la pointe des pieds.
(Romain Gary, *La Promesse de l'aube*, 1960.)

Texte 3
Monsieur Linh fuit son pays d'Asie en guerre et s'exile en Occident avec sa petite-fille, Sang Diû.
C'est un vieil homme debout à l'arrière d'un bateau. Il serre dans ses bras une valise légère et un nouveau-né, plus léger encore que la valise. Le vieil homme se nomme Monsieur Linh. Il est seul à savoir qu'il s'appelle ainsi car tous ceux qui le savaient sont morts autour de lui. Debout à la poupe du bateau, il voit s'éloigner son pays, celui de ses ancêtres et de ses morts, tandis que dans ses bras l'enfant dort. Le pays s'éloigne, devient infiniment petit, et Monsieur Linh le regarde disparaître à l'horizon, pendant des heures, malgré le vent qui souffle et le chahute comme une marionnette. Le voyage dure longtemps. Des jours et des jours. Et tout ce temps, le vieil homme le passe à l'arrière du bateau, les yeux dans le sillage blanc qui finit par s'unir au ciel, à fouiller le lointain pour y chercher encore les rivages anéantis.
(Philippe Claudel, *La Petite Fille de Monsieur Linh*, 2005.)

Introduction

Les textes du présent corpus sont tous trois extraits de récits des XXe et XXIe siècles. Le premier est tiré

de *La Peste* de Camus, roman publié en 1947. Le deuxième est extrait de l'autobiographie de Romain Gary intitulée *La Promesse de l'aube*, publiée en 1960. Le dernier est un extrait tiré d'un roman de Philippe Claudel publié en 2005, *La Petite Fille de Monsieur Linh*.
Ces trois extraits donnent diverses images du héros confronté à l'adversité. Dans *La Peste*, le docteur Rieux assiste, impuissant, à la mort de son ami Tarrou. Le narrateur-personnage de *La Promesse de l'aube*, pour plaire à sa mère malade, entreprend de se lancer dans l'écriture. Dans le roman de Philippe Claudel, le personnage de Monsieur Linh doit fuir son pays en bateau, portant dans ses bras sa petite-fille âgée de six semaines.

Développement

Le docteur Rieux et Monsieur Linh incarnent, chacun à leur manière, des héros tragiques, impuissants mais dignes face à un événement douloureux. Le narrateur du roman de Camus insiste sur l'impuissance du médecin : il juge « impossible » d'ouvrir les ganglions de son ami agonisant ; « il ne [peut] rien » contre le « naufrage » de Tarrou ; enfin, ce sont les « larmes de l'impuissance » qu'il verse quand son ami expire. Rieux est également un héros « révolté », qui, malgré l'absurdité du monde et « le silence de la défaite », s'est efforcé de livrer des « combats » contre la peste. Dans la scène présentée dans le premier texte, Rieux donne aussi l'image d'un héros pathétique, qui vient de perdre un ami « qui lui avait été si proche », alors même que la ville vient d'être « libérée de la peste ». Cette situation douloureuse le conduit à un exil moral : « il n'y aurait plus jamais de paix possible pour lui-même ».
Dans le roman de Philippe Claudel, nous n'accédons pas avec autant de précision aux pensées du héros, mais la dignité du personnage de Monsieur Linh est déjà suggérée par la manière dont il est présenté : « debout à l'arrière d'un bateau ». Comme Rieux, sa douleur n'est jamais explicitée, mais elle est sensible à travers l'évocation du massacre de ses proches : ceux qui « savaient [son nom] sont morts autour de lui ». On comprend également que l'exil qu'il subit est un arrachement insupportable, par l'obstination avec laquelle il fixe son pays qui s'éloigne inexorablement, puis l'horizon, alors que son pays n'est plus visible, mais aussi par des signes tels que sa valise, dont le contenu dérisoire laisse deviner une fuite précipitée, et, bien sûr, sa petite-fille de six semaines, probable rescapée du massacre, qu'il emmène dans son exil. Monsieur Linh incarne donc une figure à la fois tragique et pathétique ; il est l'image souffrante et sublime de la guerre civile et de l'exil ; il est également le héros qui, malgré l'horreur et la peine endurées, se place du côté de la vie, en jetant ses dernières forces dans l'éducation de sa petite-fille.
Le personnage de *La Promesse de l'aube* est présenté par son narrateur avec plus de distance. Il semble incarner davantage un héros de roman d'apprentissage : d'abord adolescent fougueux et naïf, il cherche à écrire un « chef-d'œuvre immortel » pour consoler sa mère malade de ses peines et se rêve d'emblée en « plus jeune Tolstoï de tous les temps ». À partir de là, il s'applique les clichés de l'écrivain forçat, qui, avec la respectueuse complicité de sa mère, s'enferme dans sa chambre et veut noircir « trois mille feuilles de papier blanc ». Cependant, cette naïveté initiale semble amener le héros à prendre conscience de sa véritable vocation d'écrivain, et des enjeux profonds de son désir d'écrire. Le jeune homme mue progressivement vers une forme d'humanisme, « étreint par un besoin de justice pour l'homme tout entier ».

Conclusion

Les personnages de ce corpus illustrent bien la figure dominante du héros dans la littérature moderne : doté, à l'instar des héros « traditionnels », de vertus positives – courage, dignité –, il reste cependant humain dans son impuissance à changer le monde, sa faiblesse ou sa naïveté. ■

Ce qu'il ne faut pas faire

Coller une étiquette générale sur le personnage sans prendre en compte sa spécificité dans l'extrait.

SUJETS TOMBÉS AU BAC SUR CE THÈME

Dissertations

– En partant des textes du corpus, vous vous demanderez si la tâche du romancier, quand il crée des personnages, ne consiste qu'à imiter le réel. (Sujet national, 2008, séries ES, S)
– Un roman doit-il chercher à faire oublier au lecteur que ses personnages sont fictifs ? (Sujet national, 2008, série L)
– Un personnage de roman doit-il nécessairement surmonter des épreuves pour être considéré comme un héros de fiction ? (Centres étrangers, 2011, séries ES, S)

ZOOM SUR...

Les problématiques d'autres personnages.

Anti-héros du XXe siècle
Sartre, *La Nausée*, 1938 (Roquentin) ; Camus, *L'Étranger*, 1942 (Meursault).

Ambitieux et arrivistes
Balzac, *La Comédie humaine* (Rastignac) ; Maupassant, *Bel-Ami*, 1885 (Georges Duroi).

Aventuriers
Dumas père, *Le Comte de Monte-Cristo*, 1845-1846 (Édmond Dantès) ; Jules Verne, *Vingt mille lieues sous les mers*, 1869 (le capitaine Nemo).

Femmes fatales
Mérimée, *Carmen*, 1845 ; Zola, *Nana*, 1880 ; Flaubert, *Salammbô*, 1862 (Salomé).

Fourbes
Balzac, *La Comédie humaine*, 1830-1856 (Vautrin sous ses diverses identités).

Héros de la classe populaire
Zola, *Germinal*, 1885 (Étienne Lantier).

Héros romantiques et le « moi » en émoi
Chateaubriand, *Atala*, 1801 ; *René*, 1802.

Libertins
Laclos, *Les liaisons dangereuses*, 1782 (Merteuil et Valmont).

Monstres qui en disent beaucoup sur la nature humaine
Rabelais, *Gargantua*, 1534 ; Hugo, *Notre-Dame de Paris*, 1831 (Quasimodo).

Personnage de conte, au service de la visée argumentative
Voltaire, *Zadig*, 1747 ; *Candide*, 1759.

Raffinements de la psychologie amoureuse classique
Mme de Lafayette, *La Princesse de Clèves*, 1678.

Séducteurs
Mérimée, *Les âmes du purgatoire*, 1834 (Don Juan) ; Stendhal , *Le Rouge et le Noir*, 1830 (Julien Sorel).

LES ARTICLES DU *Monde*

Nancy Huston, « L'enfance n'est pas drôle »

Ce sont surtout des personnages adultes qui peuplent les romans contemporains. Pour réussir à se mettre dans la peau d'un enfant et lui donner la parole de manière crédible, un écrivain ne peut pas se contenter de faire appel à ses propres souvenirs.

De *L'Empreinte de l'ange* à *Prodige*, l'enfance est présente dans la plupart de ses romans. Elle occupe cependant une place centrale dans *Lignes de faille*, le dernier d'entre eux. Nancy Huston a voulu se mettre successivement dans la tête de quatre garçons et filles de 6 ans, dont chacun est le parent du précédent. « L'enfance m'intéresse, et elle m'inspire, confie-t-elle. On écrit à partir de ce qui nous a constitués, de ces choses qui sont à la fois notre source et notre blessure. Certains refoulent l'enfant qu'ils ont été, comme s'ils avaient peur d'être réduits à cette position de faiblesse. Une certaine littérature européenne contemporaine manifeste même une haine de l'enfantement. »

La romancière canadienne a vécu un traumatisme à l'âge de 6 ans : le départ de sa mère. Son père s'est remarié et a quitté le Canada pour s'installer dans le New Hampshire, aux États-Unis. Avec l'absente, la fillette puis l'adolescente n'a plus eu qu'un lien nourri d'imaginaire. « Quand on vit un tel événement, remarque Nancy Huston, on s'interroge, on fait des hypothèses, on imagine... Cet événement traumatisant de l'enfance a fait de moi une romancière. J'ai pris conscience que le monde était une scène, j'ai compris le côté théâtral des relations humaines, et cela a commencé à me fasciner. » Plus tard, ses identités multiples nourriront des œuvres de fiction. Dans *Les Variations Goldberg*, son premier roman, elle dit « je » au nom de trente personnages différents...

Pour *Lignes de faille*, Nancy Huston a spontanément choisi des enfants de 6 ans : elle savait qu'elle se retrouverait aisément dans cet âge-là, physiquement et psychiquement, et qu'il serait « vecteur d'émotions » pour l'écriture. « Six ans est par ailleurs un âge charnière : on est sorti de la toute petite enfance, on comprend déjà beaucoup de choses, mais on n'est pas encore entré dans le monde de l'école qui va formater, jusqu'à un certain point, nos opinions et notre intelligence. »

Au risque d'en énerver certains ou de se faire mal comprendre, Nancy Huston affirme volontiers que le fait d'être mère l'a rendue meilleure romancière. « Les enfants nous échappent, comme les personnages de nos romans. *Lignes de faille* est un livre que seul un parent aurait pu écrire, c'est-à-dire seul un être ayant été confronté aux contradictions inattendues, enrageantes et ahurissantes de la vie familiale, toutes les manières qu'a cette vie de vous surprendre et de vous blesser. »

Nancy Huston connaît le dilemme de la « romamancière » : comment concilier le pessimisme, la lascivité, voire l'amoralité d'une romancière, capable de tuer (ses personnages) et les qualités positives qu'on attend généralement d'une mère ? Elle a appris à cloisonner sa vie en se donnant un lieu de travail distinct de son habitation, où elle n'a même pas une photo de ses enfants.

« Peurs et plaisirs extrêmes »

Pour *Lignes de faille*, il fallait se mettre dans la peau d'enfants de 6 ans. Nancy Huston a décidé d'emblée de ne pas singer leur manière de parler. « Reproduire le langage enfantin aurait été très ennuyeux, et pour le lecteur, et pour moi. » Mais un langage adulte ne convenait pas davantage. Pour préparer ce livre, elle avait écrit (en anglais) dans son carnet de notes quelques résolutions : « Élaguer, affûter [...] Éviter les superlatifs, les tout, les rien, les tout le monde et ainsi de suite. Çà et là, des phrases brèves, flottantes, essoufflées – gutturales et sauvages – des phrases arrachées à des gorges – la syntaxe en lambeaux [...] Un livre serré, ruisselant densément, sans fioritures. Comme si l'on errait dans les méandres mêmes du cerveau. Être un enfant, avec les peurs et les plaisirs extrêmes d'un enfant. Être dans le corps d'un enfant qui explore son corps. L'enfant et le sang, l'enfant et la morve, l'enfant et la pisse, l'enfant et la merde, l'enfant et les croûtes, l'enfant et les peaux mortes, la saleté entre les orteils. »

Mais on n'écrit pas impunément avec la « plume » d'un garçon ou d'une fille de 6 ans. Nancy Huston s'est rendu compte qu'elle n'était plus protégée par son savoir-faire. Elle devait s'interdire certains effets de style, des réflexions d'adulte, bannir de son texte l'abstraction, mais aussi l'ironie, le lyrisme... « J'ai essayé, dit-elle, de respecter ce qu'un enfant de 6 ans peut comprendre, et il comprend beaucoup de choses. Tous les enfants sont hypersensibles. Ils reçoivent les mots adultes comme des coups ou des caresses – en pleine figure. »

Paradoxalement, la difficulté est venue du fait qu'elle a réussi à entrer dans la peau de ces enfants. Nancy Huston vit en général assez mal la période d'écriture de ses romans. Elle se met dans des états impossibles, passe par des moments d'angoisse et de désespoir. Cette fois, c'était pire que d'habitude : « Il est très angoissant de squatter la tête d'un enfant. Pendant ces six mois d'écriture, je me sentais toute petite, le nez dans l'entrejambe du monde adulte, entourée de géants effrayants, imprévisibles, violents. Je ne comprenais pas le monde. » Elle est persuadée pourtant qu'un écrivain devrait toujours garder le point de vue de l'enfant et ne jamais cesser de trouver incroyable la manière dont les adultes vivent, s'agressent, se font la guerre, torturent...

Lignes de faille est un récit à l'envers, qui remonte dans le temps. Nancy Huston l'a cependant écrit de manière chronologique. En se documentant pour ce roman, elle a mesuré combien les enfants, depuis quelques décennies, sont de plus en plus envahis par le monde extérieur. Elle a eu l'impression d'écrire un livre grave, et il l'est bien entendu. Mais – miracle de la littérature – elle a découvert après coup que c'est aussi un livre comique : « Bien des passages lus à voix haute déclenchent des rires dans l'assistance - alors qu'en l'écrivant je n'ai pas une fois esquissé même l'ombre d'un sourire. Car l'enfance n'est pas drôle. Elle est toutes sortes de choses – heureuse, malheureuse, tragique, terrible, joyeuse –, elle peut même être amusante, mais elle n'est pas drôle. »

Robert Solé

(22 mai 2009)

POURQUOI CET ARTICLE ?

À propos du roman de Nancy Huston, *Lignes de failles*, paru en 2009, Robert Solé présente **les éléments d'une problématique fondamentale pour tout romancier, celle de son rapport à ses personnages.** Quand ces personnages sont des enfants de 6 ans, narrateurs de leur propre histoire, se pose également la question du langage qu'ils vont employer.

Dans les coulisses de la fiction

Bernard Pingaud construit un subtil jeu de miroir entre l'auteur, le narrateur, le lecteur et le critique.

On aura fait un grand pas dans l'intelligence de la littérature, et donc dans le désir entretenu à son endroit, lorsqu'on aura cessé de considérer le roman comme une forme littéraire naturelle, allant de soi, une manière commode de (se) raconter des histoires. Quelques personnages, une intrigue, une atmosphère, le tout compliqué de deux ou trois éléments de psychologie et d'une pincée de style (c'est ce qui semble le moins nécessaire), et le tour serait joué, la messe dite, le lecteur content. L'un des effets négatifs de ces rentrées littéraires un peu pléthoriques est peut-être d'imposer l'idée de cette fausse évidence, de rendre difficile une interrogation sérieuse et sévère sur ce qu'on lit, de substituer la lassitude à la curiosité. Et aussi de faire accroire que facilité et ennui n'ont pas partie liée.

On ne peut soupçonner Bernard Pingaud de débarquer dans le genre romanesque les mains dans les poches, en sifflotant. Et si l'on ne devait reconnaître qu'un mérite à son dernier roman, ce serait celui de maintenir allumée la veilleuse de l'intelligence critique en un lieu donc où elle ne brille pas toujours. Que l'on nous comprenne bien : Bernard Pingaud n'a pas dissimulé une théorie du roman dans *Bartoldi le comédien* ; des essais, il en a fait avant, ailleurs. Son livre est un roman à part entière, un vrai roman avec personnages, intrigue, atmosphère, style (oui !), etc. Il y est question d'amour et de mort, de vérité et de mensonge ; l'Histoire est présente et la mémoire vive ; la narration, enfin, est limpide, cohérente. Il se trouve donc que, pour les besoins de sa cause, Bernard Pingaud a éprouvé le désir, ou ressenti la nécessité, de déplacer ses pions selon les lois d'un jeu qu'il a lui-même inventé. S'il fallait expliquer en peu de mots son projet, et par là sa méthode, on pourrait dire qu'il a voulu dramatiser, en plus de l'intrigue, la technique qui la met en œuvre. Cela a déjà été tenté certes, mais rarement d'une manière aussi inattendue, subtile... romanesque. Rarement le lecteur et sa première doublure professionnelle, le critique, auront été aussi utilement bousculés, presque mis en crise.

On a beaucoup lu de romans qui montraient un écrivain placé en abyme, composant un roman. Ici, c'est le statut même de la fiction et avec lui celui du narrateur, du personnage, de l'auteur, du lecteur et du critique qui se trouve déplacé.

Le « vrai » héros

Résumons. Le lecteur d'une maison d'édition rédige un long rapport (carrément disproportionné) sur un roman qui l'a particulièrement intéressé ; il a pour titre *Bartoldi le comédien* et pour auteur un certain Lucien Roussel, critique de théâtre. Ce roman, imaginaire si on peut oser le dire, est censé raconter la vie d'Auguste Constant, alias Bartoldi, comédien célèbre qui, un jour du printemps 1970, se suicide avec un revolver à l'issue d'une représentation de *La Mouette*, qui marquait, après une longue absence, son retour à la scène. Rappelons que cette pièce de Tchekhov se termine par le suicide de Constantin, le personnage miné par la mélancolie qu'incarne précisément Bartoldi... « La scène est dans la vie », dirait le dramaturge pour situer précisément l'action du drame. Elle y est tellement que des personnages réels côtoient ceux de la fiction : Dullin, Jouvet, Bory, Dort, Cournot... pour ne parler que du monde du théâtre.

Roussel, auquel, comme il est bien naturel, Pingaud prête des intentions littéraires, a mis en place un narrateur, P., lui aussi critique de théâtre et ami de Bartoldi. « En s'effaçant ainsi derrière P., Roussel ne gagne pas vraiment en crédibilité », souligne le perplexe lecteur de la maison d'édition. Cet artifice est doublé par un autre, que, fine mouche critique, ce même lecteur croit avoir repéré : c'est de la vie et de la mort du comédien Frédéric Lenoir (protagoniste de papier, pas plus réel que le « vrai » héros du récit) que Roussel s'est inspiré pour brosser le portrait de Bartoldi. Arrêtons-là l'énumération des multiples chausse-trappes dont le livre de Pingaud est tissé : les raconter toutes reviendrait presque à le réécrire.

Répétons-le : toutes ces subtilités non seulement ne gênent pas le lecteur le vrai, vous ou moi mais le rendent au contraire allègre, ému, intelligent même. Bernard Pingaud a construit une séduisante machine littéraire pour raconter un destin, et surtout pour rendre un bel hommage au théâtre, art du paraître, de l'illusion, qui regarde avec grand désir l'être et la vérité, et aussi à cet autre « théâtre plus vrai qu'aucun théâtre réel, dont la scène ne s'ouvre que pour l'enchantement des romanciers et de leurs lecteurs ». Il a intégré à sa fiction des personnages qui n'y ont pas normalement leur place : ce lecteur devenu narrateur et son double besogneux, prudent ou audacieux, puriste, roué, influençable, déprimé ou étrangement joyeux, sévère ou désinvolte, amoureux fatigué revigoré par quelques belles pages, pinailleur, donneur de leçon, écrivain trop souvent en souffrance de sa propre création : le critique. Pour une fois, il ne demeure pas, veilleur mélancolique, à l'écart de la fête ; il y participe. ■

Patrick Kéchichian
(25 octobre 1996)

POURQUOI CET ARTICLE ?

Le roman de Gide intitulé *Les Faux-Monnayeurs* reste la référence du procédé de mise en abyme. Parmi les multiples personnages, l'un est un romancier qui écrit un roman intitulé *Les Faux-Monnayeurs*. Le procédé a depuis connu bien d'autres réussites. Le roman de Robert Pingaud, *Bartoldi le comédien*, paru en 1996, montre qu'il est encore possible de renouveler complètement cette construction romanesque « en abyme », dans laquelle un personnage est lui-même occupé à écrire. Dans ce cas, c'est d'abord le lecteur d'une maison d'édition qui rédigeant un rapport sur un roman intitulé – bien sûr – *Bartoldi le comédien*, s'interroge sur l'identité du narrateur, un certain P., critique de théâtre... Le candidat au bac de français trouvera ici – au-delà d'un exemple significatif de la mise en œuvre du procédé – des réflexions pertinentes sur **le statut de la fiction romanesque dans ses composantes essentielles : personnage, narrateur, auteur et critique**.

ZOOM SUR...

Le suicide dans le roman, une fin de parcours tragique.

La vision du monde que laisse transparaître un personnage de roman trouve une signification particulièrement lourde quand son « parcours » s'achève par un suicide.

Ariane et Solal
Belle du Seigneur, de Cohen, 1968, s'achève par le double suicide simultané d'Ariane et Solal. C'est une sorte d'apothéose paradoxale, les deux amants, conscients d'avoir vécu l'acmé de leur amour, choisissent de mourir ensemble en ingérant une dose massive de morphine.

Claude Lantier
Dans *L'Œuvre* d'Émile Zola, 1886, le peintre Claude Lantier, marqué par l'hérédité alcoolique qui lie les personnages des *Rougon-Macquart*, est à la recherche de la perfection. Incapable de réaliser l'œuvre qui représenterait la Femme, il se pend devant le tableau inachevé.

Emma Bovary
La protagoniste de *Madame Bovary*, de Flaubert, publié en 1857, est la plus célèbre « suicidée » du roman français. Abandonnée par ses amants, affolée par les dettes qu'elle a réussi à cacher à son mari, elle s'empoisonne avec de l'arsenic dérobé chez le pharmacien Homais.

Javert
Dans *Les Misérables* de Victor Hugo, publié en 1862, le policier Javert a dédié sa vie à la loi. Sauvé par Jean Valjean, l'homme qu'il a traqué sans répit, il se noie dans la Seine pour mettre fin au dilemme qui l'accable.

Kyo et Tchen
La Condition humaine de Malraux, 1933, propose des figures de suicidés héroïques, des révolutionnaires communistes dans le contexte de la guerre civile en Chine : Kyo qui se suicide pour éviter la torture ; Tchen, blessé dans l'attentat contre Tchang-Kaï-Shek, qui se tire une balle dans la bouche.

Personnage romanesque et vision(s) du monde

Le roman est la création d'un univers qui fonctionne comme un reflet du monde réel. Que ce reflet soit déformé ou qu'il ait lieu dans un espace ou un temps différents des nôtres, le lecteur effectue des « allers-retours » entre ces deux univers qui le mènent à une réflexion sur notre monde. Le roman est porteur d'une ou plusieurs « visions du monde ».

Le porteur d'une vision du monde

Un personnage de roman est, en quelque sorte, **« plus que lui-même »**. Le héros, pivot de l'œuvre, acquiert un statut qui est davantage que celui d'un simple individu. Il peut alors, dans le roman, être **le vecteur d'une conception du monde**.

Le protagoniste, à travers son parcours, devient peu à peu **le symbole d'une qualité** : il incarne une vertu, un vice, ou une façon de se positionner par rapport au monde. **Certains héros deviennent ainsi des « types »**, au point que leur nom peut donner naissance à un terme désignant un comportement général (Exemple : le « bovarysme »).

Un héros romanesque peut, de même, révéler une vision du monde lorsque son itinéraire est à l'image de celui de **tout un groupe**. Lantier, dans *Germinal*, représente ainsi les mineurs, la classe ouvrière : il donne au lecteur la possibilité de considérer la société selon un angle particulier, celui des opprimés.

Le personnage peut également être **le symbole d'une cause à défendre**. Il rassemble alors des hommes autour de lui, réunis par une même vision du monde, et s'oppose éventuellement à ceux pour qui cette vision est inopérante. Dans *La Peste*, le docteur Rieux estime qu'il n'y a qu'une seule attitude possible : lutter contre la maladie. Il est rejoint par un certain nombre de personnages, tandis que d'autres préfèrent se replier sur eux-mêmes : deux visions du monde se dessinent ainsi.

Statue de Voltaire, à Ferney.

À la croisée de plusieurs visions du monde

Le personnage est rarement seul dans un roman. De fait, le roman ne délivre pas un « message » simpliste et univoque, mais permet, au contraire, **une confrontation de perspectives**.

L'exemple de *La Peste* est à cet égard éclairant : Rieux, incarnant la lutte contre le fléau, rencontre un journaliste qui, lui, est prêt à tout pour quitter la ville, où la peste s'est déclarée, et rejoindre sa bien-aimée. Pour lui, l'amour est plus important que la solidarité avec les habitants. Mais Rieux ne le condamne pas. Les deux perspectives sont ainsi données au lecteur, comme deux choix personnels, engageant deux modes de comportement et deux visions du monde.

De plus, **chaque personnage est un « composé » qui possède de multiples facettes**. Le romancier ne se contente pas de caricatures, il construit un personnage riche qui sera sensible aux situations qu'il rencontrera et ses réactions ne seront pas toujours prévisibles. Dans *Les Misérables*, Jean Valjean est celui qui lutte contre les préjugés et vient en aide aux plus démunis, le père rêvé pour Cosette... mais il est également celui qui ne supporte pas d'être « dépossédé » de sa fille adoptive lorsque celle-ci tombe amoureuse : son amour paternel est à la fois admirable et abusif.

En outre, cette complexité est encore amplifiée par le « duo » formé par le romancier et ses personnages. **Ni le narrateur, ni le romancier, ne sont forcément en accord avec les visions du monde portées par les personnages** : l'ironie de Flaubert, dans *L'Éducation sentimentale*, fait éclater aux yeux du lecteur l'aspect illusoire de la conception du monde de Frédéric Moreau. Le romancier peut également critiquer la société dans laquelle il place ses personnages : dans *Une Vie*, de Maupassant, Jeanne se trouve confrontée à la violence de son mari, à la cruauté d'une société de classes, sans

Gargouille surmontant Paris.

pouvoir trouver d'autre « remède » que sa maternité. L'auteur, ici, ne juge pas forcément son personnage, mais il délivre une vision du monde pessimiste en décrivant « objectivement » une vie ordinaire.

Le roman comme vision du monde

Les visions du monde qui s'expriment à travers un roman sont portées, non seulement par les personnages et le narrateur, mais également par tous les motifs qui s'entrecroisent dans l'œuvre.

Le roman peut **interroger les modes de connaissance et les croyances d'une époque**. À la fin du XIXe siècle, Zola (et tout le mouvement naturaliste) s'inspire de la biologie et des sciences expérimentales : tout en critiquant la société, il montre par là qu'il est en accord avec une vision « scientifique » et progressiste du monde. À l'inverse, la littérature romanesque du début du XXe siècle **met en doute cette notion de progrès**. Céline s'inscrit en faux contre la vision du monde selon laquelle l'homme serait capable de maîtriser ses inventions et ses connaissances.

Dans un style d'écriture différent, le roman noir, apparu à la fin du XVIIIe siècle, rejette l'idée selon laquelle la transparence et la vérité nous seraient accessibles : des zones d'ombre entourent les personnages. Le monde y est un labyrinthe obscur et effrayant.

L'œuvre peut également être **porteuse d'une réflexion philosophique**, débouchant soit sur un **constat lucide** (et parfois pessimiste) soit sur une **révolte**.

Toute l'œuvre romanesque de **Maupassant** est ainsi porteuse d'une philosophie pessimiste, qui voit en l'homme un prédateur égoïste. À l'inverse, **Malraux**, dans *L'Espoir* comme dans *La Condition humaine*, révèle la faculté d'union et de solidarité des hommes. Héritier du conte philosophique de l'époque des Lumières (XVIIIe) où s'est illustré **Voltaire** (*Candide, Zadig, Micromégas*...), **le roman à thèse** illustre un système philosophique ou une idéologie politique dans les éléments d'un récit. Ainsi, **Aragon**, dans *Les Communistes*, fresque romanesque en 6 volumes, publiés de 1949 à 1951, rend hommage à l'action courageuse des communistes dans les années tragiques de la « drôle de guerre » (1939) et de la défaite (1940). **Camus**, dans *L'Étranger*, illustre la philosophie de l'absurde exposée dans *Le Mythe de Sisyphe* et **Sartre**, dans *La Nausée*, donne une expression romanesque de l'existentialisme développé dans *L'Être et le néant*.

Le roman peut également être **une vision du monde**, non pas au sens politique ou philosophique, mais **au sens esthétique du terme**. Une œuvre est faite de mots autant que de personnages, de rythmes et de sons, autant que de thèmes. Cet **entrecroisement des motifs et de l'écriture** permet de transmettre au lecteur un autre regard sur le monde.

Certains romans laissent ainsi **une empreinte** en nous par leurs descriptions, ou par l'imaginaire qu'ils nous offrent. Certains romans nous marquent par leurs descriptions, ou par l'imaginaire qu'ils nous offrent : *Le Grand Meaulnes* (Alain-Fournier), **Aurélia** (Gérard de Nerval), *Au Château d'Argol* (Julien Gracq), ou encore *La Recherche du temps perdu* (Marcel Proust) sont autant d'exemples d'œuvres dans lesquelles le monde est transformé par un regard. Le lecteur est invité à se déplacer légèrement, à faire un pas de côté pour considérer, plus qu'une « vision du monde », un monde « re-vu ».

UN ARTICLE DU *MONDE* À CONSULTER

- **Écriture de soi et questionnement du monde** p. 22-24
(Thomas Clerc, 26 mars 2010)

CITATIONS

- « On ne peut créer des personnages que lorsqu'on a beaucoup étudié les hommes, comme on ne peut parler une langue qu'à la condition de l'avoir sérieusement apprise. »
(Dumas fils, *La Dame aux camélias*, 1848.)

- Pour le romancier objectif, « la psychologie doit être cachée dans le livre comme elle est cachée en réalité sous les faits dans l'existence. Le roman conçu de cette manière y gagne de l'intérêt, du mouvement dans le récit, de la couleur, de la vie remuante. »
(Maupassant, préface de *Pierre et Jean*, 1887.)

- « C'est toujours nous que nous montrons dans le corps d'un roi, d'un assassin, d'un voleur ou d'un honnête homme. »
(Maupassant, *ibidem*.)

- « Le peintre qui fait notre portrait ne montre pas notre squelette. »
(Maupassant, *ibid*.)

- « Le thème de tout roman, c'est le conflit d'un personnage romanesque avec des choses et des hommes qu'il découvre en perspective à mesure qu'il avance, qu'il connaît d'abord mal, et qu'il ne comprend jamais tout à fait. »
(Alain, *Système des Beaux-Arts*, 1920.)

- « Le but suprême du romancier est de nous rendre sensible l'âme humaine, de nous la faire connaître et aimer dans sa grandeur comme dans sa misère, dans ses victoires et dans ses défaites. Admiration et pitié, telle est la devise du roman. »
(Duhamel, *Essai sur le roman*, 1925.)

- « Les héros ont notre langage, nos faiblesses, nos forces. Leur univers n'est ni plus beau, ni plus édifiant que le nôtre. Mais eux, du moins, courent jusqu'au bout de leur destin et il n'est jamais de si bouleversant héros que ceux qui vont jusqu'à l'extrémité de leurs passions. »
(Albert Camus, *L'Homme révolté*, 1951.)

Écriture d'invention :

Lettre d'un lecteur à un romancier pessimiste

L'intitulé complet du sujet

Après avoir lu un roman, un lecteur adresse un courrier au romancier pour lui reprocher la vision très pessimiste qu'il donne de la réalité. Quelques jours plus tard, il reçoit la réponse du romancier qui défend sa position. Rédigez successivement la lettre du lecteur et celle du romancier. Ne signez pas les lettres de vos noms et prénoms, mettez un pseudonyme et indiquez une fausse adresse.

Corpus : Honoré de Balzac, Flaubert, Guy de Maupassant, Huysmans.

Guy des Gares
12 rue du Château-d'If
36000 Châteauroux

à Émilien Aloz
1, rue de l'Assommoir
75020 Paris

Monsieur,

Je termine à l'instant le dernier roman que vous avez publié, intitulé *Adieu la Vie*. Je l'ai lu avec beaucoup d'intérêt, et il me faut reconnaître la qualité de votre style. Cependant, je suis sorti totalement déprimé par la lecture de ce récit, qui impose une vision très pessimiste de la vie et du monde. Je ne partage pas du tout votre approche de la fiction.

Pour moi, un roman est destiné à des lecteurs ordinaires, à la vie banale et sans relief. J'attends d'une fiction littéraire qu'elle me fasse oublier, le temps d'une histoire palpitante, la morosité de mon quotidien. Or, à travers votre histoire sombre, vous nous renvoyez violemment à notre propre univers. Vos personnages nous ressemblent trop, avec leurs faiblesses et leurs vices. Ils sont « humains, trop humains ». Ne croyez-vous pas, pourtant, que l'écriture romanesque doit plonger le lecteur dans un univers où dominent la rêverie et une certaine forme d'idéal ? Songez donc à ces magnifiques aventures racontées par Dumas, comme *Le Comte de Monte-Cristo*. Le héros arrive par exemple à se sortir de situations incroyables, à l'image du chapitre où il s'évade dans un cercueil, que deux gardiens vont précipiter dans l'océan. Le lecteur ne songe plus aux tracas qui encombrent son existence : il s'est identifié au héros, et il sait que ce héros sortira vainqueur des épreuves qu'il doit affronter. Pensez également aux romans des chevaliers de la Table ronde, au cycle arthurien : bien sûr, il y a des morts, des traîtres, mais des personnages comme Lancelot du Lac, par leur haute valeur, tant guerrière que morale, s'affirment comme des exemples à suivre. Imposer un dénouement triste, mettre en scène des personnages banals, c'est donner à vos lecteurs l'impression qu'il n'y a pas de possibilité d'un monde meilleur, que la création fictionnelle n'est là que pour accentuer notre désespérance. Le roman doit-il être le miroir de notre monde ? Je suis certain du contraire : s'il peut être intéressant de prendre appui sur la réalité socio-historique, le romancier se doit de transposer le réel pour le magnifier, de proposer un univers auquel nous avons envie d'appartenir. Vous êtes écrivain, mais vous êtes sans doute vous-même un lecteur ; pensez-vous que l'on puisse lire si le plaisir est absent ? La vision du monde que vous nous soumettez renvoie à une réalité trop dure, trop noire, et transforme la lecture non en plaisir, mais en douleur d'assister au spectacle d'une réalité toujours décevante, comme dans *Illusions perdues*, de Balzac.

Monsieur l'écrivain, méditez ces humbles remontrances avant la rédaction de votre prochain ouvrage : je ne vous demande pas de faire des romans à l'eau de rose ; on peut faire de la bonne littérature avec de bons sentiments. Je vous demande de porter un regard différent sur le monde. Les hommes n'ont pas besoin de vous pour être désespérés...

Bien respectueusement,
Guy des Gares

REPÈRES

Quelques romanciers nettement caractérisés par la tonalité optimiste ou pessimiste de leurs œuvres.

Dumas père (XIXe siècle)

- Les héros des *Trois Mousquetaires* (D'Artagnan, Athos, Porthos et Aramis) sont des hommes d'action, jamais à court de ressources ni de témérité pour surmonter les obstacles : leçon d'optimisme malgré l'échec de leurs « aventures » amoureuses.
- Le héros du *Comte de Monte-Cristo*, Édmond Dantès, innocent condamné sur la dénonciation calomnieuse d'un jaloux, se retrouve enterré vivant au château d'If. Il renverse pourtant la situation, s'évade, devient immensément riche et traque ses ennemis pour se venger.

Maupassant (XIXe siècle)

Le plus célèbre pessimiste de la littérature française ! Athée, il récuse toute providence ou transcendance, il ne croit ni aux profits du « progrès » ni même aux vertus de l'amitié. Ses thèmes favoris – la Normandie rurale, le monde des employés de bureau parisiens, les maisons closes – sont traités avec un réalisme excluant toute idéalisation. Les hommes y apparaissent le plus souvent sous leurs pires travers : bêtise, égoïsme, cupidité, cruauté. Dans des récits (essentiellement des nouvelles) qui finissent rarement « bien », les femmes sont presque toujours leurs victimes : épouses bafouées (Jeanne dans *Une vie, 1883)*, prostituées rejetées (*Boule de suif*, 1880)...

Saint-Exupéry (XXe siècle)

Lui-même pilote à l'époque héroïque de l'aviation civile, Saint-Exupéry célèbre dans ses récits – *Courrier Sud* (1930), *Vol de nuit* (1931), *Terre des hommes* (1939) – le courage et l'abnégation de ces hommes qui risquaient leur vie pour transporter le courrier. Un humanisme que l'on retrouve dans son célèbre conte *Le Petit Prince* (1943).

Émilien Aloz
1, rue de l'Assommoir
75020 Paris

à Guy des Gares
12 rue du Château-d'If
36000 Châteauroux

Monsieur,
J'ai bien reçu votre lettre, que j'ai lue avec le même intérêt que celui que vous avez eu à me lire. Si je prends la peine de vous répondre, c'est que votre critique relève d'une conception de l'écriture romanesque que je ne partage pas complètement.
Vous avez certes totalement raison : mon dernier roman témoigne d'une perception assez noire de l'existence. Toutefois, vous vous méprenez quand vous dites qu'il y a dans cette vision une complète désespérance. Faire comprendre la réalité du monde dans toute sa cruauté n'est pas un message négatif envoyé au lecteur. Il ne s'agit pas de le renvoyer à la noirceur de son propre univers, mais de l'inciter à changer le quotidien afin de le rendre moins sombre. Votre lettre n'est d'ailleurs pas exempte de présupposés discutables : vous paraissez ainsi penser que mes romans ne sont qu'une photographie banale de la vie, que ce que je raconte est nécessairement le fruit d'une expérience humaine authentique. Or, à l'instar du romancier réaliste défini par Maupassant, dans sa préface à *Pierre et Jean*, je prétends qu'un véritable travail artistique préside à l'effet de réel. De la même façon, si je vous propose un univers pessimiste, c'est peut-être pour vous conduire implicitement vers une certaine forme d'idéal. Prenez l'exemple du fameux roman de Maupassant, *Une vie* : chaque aventure, chaque incartade conjugale, précipite l'héroïne plus avant dans la déception et l'amertume. Pourtant, la dernière page s'éclaire d'un espoir nouveau, à travers la présence d'un enfant, ce qui fait dire à la servante : « La vie, [...] ça n'est jamais si bon ni si mauvais qu'on croit. » Les romans peuvent parler de la perte des illusions pour mieux appréhender la réalité et l'améliorer. Pensez-vous que, pour ma part, je n'ai pas d'idéal ? Croyez-vous que mon approche de la réalité reflète un dégoût de la vie ? J'attends de mes lecteurs autre chose qu'une simple réception passive de mes récits. Certes, comme vous le sous-entendez, je n'arrache pas mes lecteurs à leur quotidien en leur proposant un univers parfois banal et réaliste. Cependant, j'ose croire que certains peuvent trouver du plaisir à la lecture de mes œuvres ; non pas ce plaisir que vous décrivez, celui, un peu enfantin, d'avoir un désir immédiatement satisfait, mais le plaisir, plus intellectuel celui-là, d'avoir l'impression de détenir des clés pour déchiffrer le monde. Ce genre de satisfaction dure bien au-delà de la lecture : mes romans sont là pour déranger, changer, bousculer le lecteur ; celui qui se laisse prendre au jeu de la réflexion sur le monde, et qui n'évalue pas un roman en fonction de sa capacité à susciter des émotions artificielles, comprendra sans doute que je suis un incorrigible optimiste. En effet, je vous fais confiance pour penser qu'il est urgent de bâtir un monde différent de celui que mes romans dépeignent.

Je vous salue bien cordialement,
Émilien Aloz

Ce qu'il ne faut pas faire

Présenter successivement deux exposés abstraits opposant optimisme et pessimisme, sans faire référence à des œuvres.

SUJETS TOMBÉS AU BAC SUR CE THÈME

Dissertations

– En conclusion du roman de Guy de Maupassant, *Une vie*, Rosalie déclare : « La vie, voyez-vous, ça n'est jamais si bon ou si mauvais qu'on croit ». Pensez-vous qu'un roman doit ouvrir les yeux du lecteur sur la vie ou bien au contraire permettre d'échapper à la réalité ? (Sujet national, 2008, séries technologiques)

– Le roman est-il « une feinte pour tenter d'échapper à l'intolérable », comme l'affirme Romain Gary ? (Amérique du Sud, 2009, séries S et ES)

CITATIONS

• « Perrichon – Madame, je voudrais un livre pour ma femme et ma fille... un livre qui ne parle ni de galanterie, ni d'argent, ni de politique, ni de mariage, ni de mort. »
(Eugène Labiche, *Le Voyage de monsieur Perrichon*, 1860.)

• « Un roman est comme un archet, la caisse du violon qui rend des sons, c'est l'âme du lecteur. »
(Stendhal, *Vie de Henry Brulard*, 1890.)

• « J'appelle un livre manqué celui qui laisse intact le lecteur. »
(André Gide, *Cahiers d'André Walter*, 1891.)

• « Dites-vous bien que la littérature est un des plus tristes chemins qui mènent à tout. »
(André Breton, *Manifeste du surréalisme*, 1934.)

• « Je tiens que le romancier est l'historien du présent, alors que l'historien est le romancier du passé. »
(Georges Duhamel, *La Nuit de la Saint-Jean*, 1935.)

• « Le livre est l'ami de la solitude. Il nourrit l'individualisme libérateur. Dans la lecture solitaire, l'homme qui se cherche lui-même a quelque chance de se rencontrer. »
(Georges Duhamel, *Défense des Lettres*, 1937.)

• « Un roman n'est jamais qu'une philosophie mise en images. »
(Albert Camus, *Le Mythe de Sisyphe*, 1942.)

• « L'art du roman est de savoir mentir. »
(Louis Aragon, *J'abats mon jeu*, 1959.)

• « Je ne dirai jamais de mal de la littérature. Aimer lire est une passion, un espoir de vivre davantage, autrement mais davantage que prévu. »
(Georges Perros, *Papiers collés*, 1961.)

• « C'est vrai, avec les bons sentiments on ne fait pas de la bonne littérature. On en fait de l'excellente : Balzac et Shakespeare. »
(Jacques de Bourbon Busset, *Les Arbres et les jours*, 1967.)

L'ARTICLE DU Monde

Écriture de soi et questionnement du monde

Il faut d'abord refuser l'antienne pénible du « déclin » de la littérature française. Il existe aujourd'hui d'excellents écrivains en France, mais leur visibilité est incertaine. Ce n'est pas la littérature qui est en crise, mais sa légitimité. Centrale dans la formation des élites du passé, elle ne l'est plus ; mais la littérature exigeante, contrairement à ce qu'affirment les néoconservateurs, n'a jamais été populaire qu'au sein d'un groupe social restreint : Gide tirait souvent à 500 exemplaires, mais il était lu par les gens-qui-comptent. La croyance d'une universalité de la littérature est donc une imposture française qui s'est écroulée avec l'élévation du niveau et la diversification de l'offre culturelle.

Ce qui a vécu, c'est aussi une certaine idée de la littérature close sur elle-même – son autoréférentialité – véhiculée par les modernes tels Blanchot ou Derrida. La littérature est un monde en soi et elle a un dehors, elle est donc relationnelle : ni pur reflet, comme le disait la vulgate marxiste, ni pur miroir auto-réfléchissant comme feignait de le croire le structuralisme. On peut appeler « postmodernité » cette période (la nôtre) qui ouvre la littérature sur le monde, au risque de voir se diluer sa spécificité. Du coup, les critères de littérarité semblent plus opaques, ce qui ne facilite la tâche de personne, ni des critiques ni du public.

Le mot « contemporain » implique un contexte et des partis pris. Pour le découpage historique, les années 1980 sont un bon point de départ, puisqu'elles correspondent à un changement d'horizon d'attente : fin des idéologies, triomphe du spectaculaire-marchand prophétisé par Debord, surmédiatisation, néolibéralisme substituant le divertissement à la culture, etc.

Sur le plan des formes, l'éclatement des tendances est manifeste dans la mesure où les options esthétiques ont cédé le pas devant un éclectisme augmenté par l'explosion de la production (plus de mille romans chaque année) et le décalage entre l'offre et la demande. Face à cette pléthore, des écrivains en voie de classicisation (légitimés de leur vivant) font figure de repères : pour prendre deux extrêmes, Patrick Modiano, moderne parce qu'il a été rétro (jetant, en 1968, un regard sur la France des années noires), ou Pierre Guyotat dont l'avant-gardisme sur les plans politique et sexuel s'accompagne d'une conscience extrême de la langue. Tous deux ont utilement obligé la société française à prendre conscience de ses mensonges.

On peut aussi brandir plusieurs noms sans doute appelés à devenir des classiques (Echenoz, Quignard, Michon, NDiaye, etc.), auteurs sur lesquels règne un accord qui n'est pas forcément le meilleur service à leur rendre. En effet, la littérature contemporaine peut être définie comme celle sur laquelle il n'y a pas de consensus. Aussi problématiserai-je la question à partir d'un genre lui-même incertain : l'autobiographie.

Le règne autobiographique

Incontestable est le « retour au sujet » que l'on observe depuis les années 1980. Fait mal compris, ce « retour » est salutaire, puisqu'il a permis l'explosion de la sphère autobiographique, qui est ce qui est arrivé de mieux à la littérature française des trente dernières années. Ce « retour » n'est pas réactionnaire, contrairement à ce qu'affirment les fictionalistes, c'est-à-dire les défenseurs des vieilles formules romanesques et du réalisme narratif, qui constitue la majorité de la production courante. En effet, ce n'est pas le « vieux sujet » qui revient, mais un autre, traversé par de multiples polarités. « Je » est toujours pluriel.

Du reste, les théoriciens de la mort de l'auteur et de la fin de l'homme, Barthes et Foucault, avaient déjà anticipé cette problématique en opérant un changement de cap à la fin des années 1970 : Foucault avec ses derniers travaux sur l'esthétique de l'existence (définition possible de l'autobiographie), et Barthes avec son autoportrait *Roland Barthes par Roland Barthes* (1975), où l'identité est envisagée comme un rôle. Par conséquent, l'écriture de soi est un genre bien plus théorique qu'on ne le dit et, du coup, plus vivant que tous les autres. L'erreur a été de croire qu'elle signifiait « spontanéité », « naturel » et réfutation de l'histoire littéraire là où elle vise au contraire à questionner conjointement le sujet de l'écriture et l'homme moderne.

Il faut défendre Narcisse, comme l'a bien montré Philippe Vilain (*Défense de Narcisse*), puisque Narcisse c'est vous et moi, c'est-à-dire un sujet qui va mourir mais qui voudrait quand même y voir plus clair dans le siècle. La vitalité de l'écriture de soi est liée à ce mouvement de tension entre le dedans et le dehors, décliné sous toutes ses formes. Il n'y a en fait aucune séparation entre l'écriture de soi et le questionnement du monde : ses détracteurs n'ont que des arguments moraux à opposer à un bouleversement esthétique.

On peut donc proposer un premier partage à partir du mot « contemporain », entendu au sens faible d'« actuel » : production commerciale, d'évasion, empruntant souvent les traits du romanesque de convention, littérature « du milieu » (comme on dit au cinéma « la qualité française »), indifférente à la langue qu'elle emploie ; de l'autre côté, le « contemporain » au sens fort, littérature qui se pose le problème de la représentation du sujet moderne. Cette « littérature d'auteur » où le texte est une performance ou un événement de langage se distingue de celle qui n'est écrite par personne, pur canevas destiné à raconter des histoires interchangeables : Marc Lévy n'écrit pas en français mais dans une langue scénarisée. Tout le monde connaît les noms de cette littérature vendeuse, mais les oublie vite. L'autre littérature, contemporaine au sens subjectif, qui concerne notre temps, s'incarne exemplairement dans l'écriture de soi.

Terroristes et Rhétoriqueurs

Celle-ci, loin d'être un recul narcissique, est le lieu d'un mouvement paradoxal de régénération des formes et des contenus. En effet, cette littérature « personnelle » a contaminé tous les genres : roman, théâtre, poésie, essai. On peut donc penser la littérature d'aujourd'hui à partir des problèmes spécifiques posés par l'écriture de soi. Ainsi la question centrale de la vérité : il y a les écrivains qui y croient, et ceux pour qui c'est une notion sans fondement. Jean Paulhan appelait les premiers « Terroristes », les autres « Rhétoriqueurs » (*Les Fleurs de Tarbes*). Les Terroristes considèrent que la littérature ne se réduit pas à la littérature, mais qu'elle est travaillée par le Dehors : en termes linguistiques, le message y déborde le code. C'est la définition même de l'avant-garde, qui cherche à abolir la différence entre l'art et la vie. On suppose les avant-gardes mortes depuis les années 1980. Et si l'écriture de soi était la version postmoderne de l'avant-garde ? Car il existe une écriture autobiographique qui comporte des traces d'utopie, comme les *Souvenirs obscurs d'un juif polonais né en France*, de Pierre Goldman (1975), mise à nu d'un homme et d'un système judiciaire. Plus près de nous, le dernier autobiographe à lever les tabous de la société française en procédant à une esthétique de la transparence totale, fut Guillaume Dustan. Son progressisme s'exprime dans une œuvre imparfaite dont la réception a été brouillée (*Je sors ce soir*, *Génie divin*) par des polémiques entretenues par l'intéressé lui-même – c'est la marque des écrivains terroristes que de ne pas être considérés comme des écrivains.

Les pendants des Terroristes sont les Rhétoriqueurs, pour qui la littérature est d'abord un art verbal obéissant à des lois qu'il s'agit d'accomplir ou d'inventer. Mais la recherche sur la forme modifie nécessairement notre vision du monde, et le transforme obliquement. Toute la littérature digne de ce nom est donc politique (au sens large), puisqu'elle défait les anciennes manières de lire et de penser à partir d'un renouvellement de sa matière. En fait, les grands écrivains sont à la fois Terroristes et Rhétoriqueurs : de *Breton* à *Sartre* ou *Duras*, changer la vie c'est changer la vue.

Entre vérité et mise en scène

Une bonne autobiographie se jugera donc à son degré de sincérité autant qu'à l'intelligence de son dispositif verbal, ces deux éléments étant inséparables. Plus une autobiographie est attentive à son médium, meilleure elle est, puisque le sujet est un être de langage – à partir de quoi, tout est possible : objectivation froide (*Rapport sur moi*, Grégoire Bouillier), grand flux verbal de Frédéric-Yves Jeannet (*Charité*) qui mêle diverses couches de temps, lyrisme de Raymond Federman (*Amer eldorado*), confession construite de Catherine Millet, (*La Vie sexuelle de Catherine M.*). Écrit avec élégance, ce best-seller légitime a une double portée : littéraire (c'est un grand livre descriptif, qui insiste sur la visualité de l'écriture), mais aussi culturelle puisque la narratrice joue la disponibilité contre la transgression, contribuant ainsi à désacraliser la sexualité. Dans tous ces exemples, le moi n'est pas posé préalablement à l'écriture mais s'invente au cours du livre, il est « pris dans une ligne de fiction » (Lacan).

Pour autant, le mot « autofiction » est gênant dans son succès même, puisqu'il présuppose que la littérature est par essence fictionnelle, ce qui est faux : simple postulat statistique, venu d'Aristote. Cette conception autorise les détracteurs de l'écriture de soi, tel Valéry, à considérer qu'elle est un genre falsifié, selon un paradoxe scolaire : le roman serait plus vrai que les autobiographies mensongères. Or l'écriture de soi n'a jamais impliqué un renoncement à la mise en scène et à l'invention. L'autofiction, qui postule une identité de nom entre narrateur et personnage (comme l'autobiographie) mais refuse le pacte de vérité (comme le roman) flirte avec une dimension ludique, qui en limite l'intérêt si on n'y sent qu'une complaisance virtuose. Georges Perec a conçu des autobiographies formalisées, mais nullement gratuites, grâce à leur puissance historique (*W ou le souvenir d'enfance* ou *Je me souviens*). Il convient donc d'être prudent lorsqu'on utilise le terme d'« autofiction » qui convient aux expériences d'une Chloé Delaume ou aux raffinements identitaires d'Anne Garréta (*Pas un jour*) plus qu'au pathos d'Annie Ernaux (Journal *du dehors*) ou de Christine Angot (*L'Inceste*). Chez cette dernière, la « prise de parole » et l'effet de vérité constituent tout le sel d'une œuvre controversée, puisque typiquement terroriste. La notion de pathos, dévalorisée par un usage trivial du mot, est décisive pour mesurer la qualité du récit autobiographique – Philippe Forest (*L'Enfant éternel*) ou Camille Laurens (*Philippe*) le rappellent dans leurs récits consacrés à la mort de leurs enfants.

La vérité hors autobiographie

En face de l'hydre autobiographique, dont la force est liée à la pertinence du regard qu'elle propose dans une société fascinée par la transparence, d'autres options sont possibles. Si la littérature est la mieux à même de dire la vérité du monde renversé (ce qui lui confère sa nécessité et empêche sa « disparition »), les moyens employés divergent, preuve de la richesse de ses possibilités : il existe ainsi une tendance documentaire dans la littérature française actuelle, représentée par Jean Rolin (*Chrétiens*, *Zone*) ou François Bon (*Sortie d'usine*, *Daewoo*). Ici, la « vérité » n'est plus liée à une subjectivité exposée mais à un regard plus neutre, quoique traversé par l'expérience du réel (*La Maladie de Sachs*, Martin Winckler). À l'inverse se situe le « roman romanesque », celui dont on déplore souvent qu'il fasse défaut, capable d'embrasser le monde et l'Histoire, comme on dit que les Américains savent le faire, sur le modèle, d'ailleurs, du roman français du XIXe siècle.

Houellebecq représente assez cette tendance : du bon roman à thèses, à la fois cynique et touchant dans la mesure où il prend au sérieux la plupart des « grandes questions » qui animent notre temps (*Les Particules élémentaires*, *Plateforme*). L'ambiance sinistre et folle du monde vu comme asile d'aliénés trouve en Régis Jauffret un interprète de choix (*Promenade* ou *Univers, univers*). La veine plus dérisionniste des auteurs des Editions de Minuit doit son succès au renversement des principes esthétiques sur lesquels était fondée cette illustre maison : le burlesque et

POURQUOI CET ARTICLE ?

Thomas Clerc propose dans cet article un tour d'horizon de la littérature actuelle autour de la problématique de « l'écriture de soi ». Les années 1980 marquent un tournant, avec les succès de l' « autofiction », dont il cite les exemples les plus significatifs. Ce succès n'exclut pas ceux d'une littérature de témoignage (« documentaire »), du roman à thèse (*Les Particules élémentaires, Plateforme* de Houellebecq). Thomas Clerc analyse aussi les réussites des réécritures, qu'elles se réfèrent à des icônes historiques (*Ingrid Caven,* de Jean-Jacques Schuhl, *Madman Bovary*, de Claro) à des figures de l'ombre (*L'Adversaire*, d'Emmanuel Carrère) ou encore qu'elles jouent avec les codes (transposition de l'écriture télévisuelle dans *Doggy bag,* de Philippe Djian). Le candidat au bac de français trouvera ici **une « cartographie » de la littérature contemporaine** que Thomas Clerc fait commencer dans les années 1980 avec la fin des idéologies et l'éclatement des formes romanesques qui accompagne le « retour au sujet ».

l'humour servent à déstabiliser, de manière outrée, les apparences d'un monde absurde. On préférera l'ironie politique d'un Volodine, auteur transgenre venu de la science-fiction et théoricien du post-exotisme, qui vise à penser le monde gagné par la catastrophe (*Le Post-exotisme en dix leçons*, *Dondog*). Une tendance productive est la réappropriation romanesque de personnages réels ou de faits historiques marquants. En choisissant des figures du monde moderne, le roman réécrit alors l'Histoire par ses icônes (*Ingrid Caven*, de Jean-Jacques Schuhl, *Madman Bovary*, de Claro), ou des figures de l'ombre (*L'Adversaire*, Emmanuel Carrère). Il peut s'agir aussi de « rejouer » des œuvres, télévisuelles chez Philippe Djian (*Doggy bag*), ou filmiques, comme dans le superbe Cinéma, de Tanguy Viel, récriture du *Limier*, de Mankiewicz.

La question de la langue reste décisive pour proposer une autre vision du monde que celle que véhiculent les langages formatés. De ce point de vue, contrairement à ce qu'affirme Jacques Rancière, il y a bien un « propre de la littérature », qui est de constituer une autre langue à l'intérieur de la langue. Si notre époque marginalise la littérature, c'est qu'elle méprise la langue, mutilée par le « médialecte » dénoncé par Gérard Genette (l'exemple-type : le forçage de l'adjectif « surréaliste »).

La littérature adopte alors divers usages tactiques de son matériau : réponse réactive d'un Renaud Camus défenseur de syntaxe, activisme d'un Valère Novarina réinventant le français à partir d'une pratique presque dialectale de la langue. Comment ne pas rire à l'extraordinaire sens de la novlangue contemporaine d'un Jean-Charles Masséra (*We are l'Europe*) ? N'oublions pas la poésie, qui dans son existence même propose une alternative à la langue commune. Or nous avons en France, à défaut de « grands écrivains fédérateurs », des poètes de premier plan : Dominique Fourcade, Jacques Roubaud, Jude Stéfan, et les plus jeunes Philippe Beck, Olivier Cadiot, Tarkos, Nathalie Quintane, expérimentateurs de l'hybridité - mais la poésie peut aussi être une performance orale (Bernard Heidsieck, Charles Pennequin) et investir les genres.

La littérature n'est pas seulement un art mais aussi un savoir sur les textes : elle ne demande donc qu'à être mieux cartographiée pour être moins méconnue. ■

Thomas Clerc

(26 mars 2010)

LE TEXTE THÉÂTRAL ET SA REPRÉSENTATION, DU XVIIE SIÈCLE À NOS JOURS

ZOOM SUR...

Le théâtre au XVIIe siècle : comédie, tragédie et représentation.

La comédie
- Personnages principalement bourgeois.
- Sujets : famille, mariage, vie sociale, argent, amour (sphère privée).
- Forme assez libre : vers ou prose.
- Registre comique et fin heureuse. Unité de lieu, de temps, d'action.

La tragédie
- Personnages nobles.
- Sujets : pouvoir, politique, amour (sphère publique).
- Forme stricte : cinq actes ; texte en vers.
- Registre et dénouement tragiques.
- Unité de lieu, de temps, d'action.

La représentation théâtrale

Au XVIIe siècle, le théâtre répond à un véritable besoin social en attirant un public populaire dans les théâtres de foire et autour des tréteaux du Pont-Neuf à Paris. Des troupes ambulantes y donnent essentiellement des pièces comiques, des farces et des saynètes. Certaines troupes sont dites « résidentes » : c'est le cas de celle de l'Hôtel de Bourgogne, qui joue des tragédies de Racine ou encore de celle du Marais, qui présente des farces avant de créer certains chefs-d'œuvre de Corneille (*Le Cid, Horace*...). La troupe des Italiens, installée au Palais-Royal, est réputée pour les audaces de son jeu inspiré de la *commedia dell'arte*.

Dans la salle, on retrouve la ségrégation sociale dans la séparation entre le public populaire, qui se tient debout au parterre, et les spectateurs aisés, bourgeois et aristocrates, qui occupent les sièges des galeries et des loges. La grande révolution du lieu théâtral survient avec la création de la scène « à l'italienne », inspirée des salles installées dans les palais princiers, tel que le théâtre Farnèse, inauguré, à Parme, en 1619.

L'évolution des formes théâtrales depuis le XVIIe siècle

Le terme « théâtre » vient du grec *theatron* et signifie « le lieu où l'on regarde ». Le théâtre est ainsi, avant tout, un espace de spectacle. Né dans l'Antiquité grecque, il est devenu un genre littéraire (le texte des pièces) qui s'est épanoui de manière diversifiée selon les époques. À son origine, le théâtre est lié au sacré (culte de Dionysos à Athènes, de Bacchus à Rome), caractère que l'on retrouve dans les mystères, qui reprennent, au Moyen Âge, des épisodes bibliques ou des vies de saints, et qui seront condamnés par l'Église au milieu du XVIe siècle.

Le XVIIe siècle : siècle du théâtre

Le XVIIe siècle voit s'amorcer plusieurs nouveautés. Le métier de comédien, même s'il est méprisé par l'Église et une part de l'opinion, fascine de plus en plus. Les femmes peuvent, quant à elles, enfin monter sur scène. Enfin, **en 1630, le théâtre est reconnu comme un art officiel par Richelieu.** Quelques décennies plus tard, Louis XIV agira en mécène et de nombreuses pièces seront créées à la cour du roi. Toutefois, **le clergé est, en majorité, hostile au théâtre et considère que les comédiens doivent être excommuniés.**

Dans ce siècle dominé par le **classicisme**, la distinction entre les genres théâtraux est nette : la **tragédie** et la **comédie** ont des caractéristiques propres et l'auteur se doit de les respecter. Il existe cependant quelques formes « mêlées » : *Le Cid*, de Corneille, est ainsi une tragi-comédie.

Si la tragédie est le genre « noble » par excellence, Molière défendra avec beaucoup d'ardeur la comédie, et en exploitera toutes les ressources : de la farce à la « grande comédie », c'est-à-dire des comédies en vers, offrant des personnages nuancés, autour de sujets importants (*cf. Tartuffe, Le Misanthrope*).

La règle dite des **« trois unités »** impose que le sujet traité par une pièce ait lieu en **24 heures**, dans **un seul lieu**, et soit uni par une **cohérence** forte (on ne raconte pas plusieurs « histoires » à la fois). On doit également observer la **règle de bienséance** : pas de sang ni de scène choquante sur scène.

Les auteurs les plus célèbres de ce siècle sont **Molière** pour la comédie, **Corneille** et **Racine** pour la tragédie.

Le XVIIIe siècle : théâtre et Lumières

Les « unités », reconnues au XVIIe comme essentielles pour la vraisemblance, apparaissent peu à peu comme **des carcans et les auteurs cherchent à s'en défaire**. De plus, les philosophes des Lumières prennent violemment parti **contre le clergé** et son attitude autoritaire envers le théâtre. Les « esprits libres » estiment que le théâtre est non seulement **un divertissement innocent**, mais également **un moyen**

Molière.

Jean Racine.

Pierre Corneille.

Les Comédiens italiens, Antoine Watteau, c. 1720.

Monsieur Ubu, d'Alfred Jarry.

Le Cardinal Richelieu.

pédagogique : Voltaire et Diderot soutiennent l'idée selon laquelle la représentation des vices et des vertus peut « éclairer » les hommes.
Deux noms, en dehors des « philosophes », s'imposent dans ce XVIIIe siècle : **Marivaux** et **Beaumarchais**. Chez Marivaux, les personnages ne sont plus des types comiques ou des héros tragiques, mais des individus aux prises avec un questionnement sur leur identité. Ainsi, dans plusieurs comédies (par exemple *La Double inconstance*), les personnages cachent leur identité à leur promis(e), en prenant le costume de leur valet (ou de leur suivante). Chacun veut en effet connaître son promis de façon masquée, mais c'est aussi lui-même qu'il découvre dans ce jeu de masques. Beaumarchais, avec *Le Barbier de Séville* ou *Le Mariage de Figaro*, donne au **personnage du valet** une importance cruciale. Davantage que chez Molière (Scapin, Sganarelle...), il est, chez Beaumarchais, porteur de revendications de justice et d'égalité sociale : nous sommes dans un **théâtre « pré-révolutionnaire »**.

Le XIXe siècle : le refus des « cages »

Au XIXe siècle, les règles du XVIIe siècle (les trois unités, la bienséance) sont définitivement abandonnées. Les auteurs romantiques veulent un théâtre capable de mettre en scène l'histoire et le pouvoir, dans une **dramaturgie ample et un style qui ne soit plus soumis aux bienséances. Victor Hugo parle des unités comme d'une « cage »**. Dans cette mouvance, on peut également citer **Alfred de Vigny** ou **Alexandre Dumas**, auteur des premiers drames romantiques (*Henri III et sa cour*, 1829). Ce nouveau type de pièces engendre de véritables combats entre leurs partisans et leurs détracteurs. L'un de ces combats est resté célèbre sous le nom de la **« bataille d'Hernani »**, en 1830, quand de **violentes altercations** secouent la première représentation de la pièce d'Hugo.

Le XXe siècle : des tendances diverses

Au XXe siècle, le théâtre emprunte différentes voies, encore creusée et diversifiées par les auteurs d'aujourd'hui. Certaines pièces poursuivent dans la veine de **la comédie de mœurs**, déjà présente au XVIIe siècle, et qui avait connu un regain de succès à la fin du XIXe siècle, avec Georges Feydeau et Eugène Labiche (auteurs de **vaudevilles**).
Un **théâtre de la « subversion »** apparaît simultanément : **Alfred Jarry**, avec *Ubu roi*, 1896, présente une pièce faite pour choquer. Dans une certaine proximité avec le **mouvement Dada** ou le **surréalisme**, ce théâtre rejette toute psychologie des personnages pour préférer une **représentation brute, presque abstraite, de l'homme**.
D'autres auteurs, comme **Eugène Ionesco, Samuel Beckett, Marguerite Duras,** mettent en question dans leurs œuvres le personnage théâtral, le genre des pièces, et le langage même. Des cris, des répliques apparemment dénuées de sens se succèdent pour donner une image à la fois drôle et effrayante de l'humanité.
La première moitié du XXe siècle marque aussi le **retour du tragique : Jean Cocteau, Jean Anouilh, Jean Giraudoux** reprennent, tout en les modernisant, des mythes antiques comme celui d'Œdipe, d'Antigone ou d'Électre. Ils montrent ainsi, d'une part, la permanence des interrogations humaines et, d'autre part, le sens nouveau que l'on peut donner à ces mythes dans le contexte d'affrontement idéologique de l'après-guerre. À cette période également, des auteurs à la fois philosophes et dramaturges proposent un théâtre « engagé » : Sartre (*Les Mains sales*, 1948) et Camus (*Les Justes, 1949*).

DEUX ARTICLES DU *MONDE* À CONSULTER

- **La mort de Bernard-Marie Koltès** p. 30
(Colette Godard, 19 avril 1989)
- **« Les Justes » libérés du théâtre d'idées** p. 30-31
(Brigitte Salino, 14 mars 2010)

ZOOM SUR...

Romantiques et réalistes du XIXe siècle.

Dumas père
Le 10 février 1829, il donne au théâtre *Henri III et sa cour,* drame en prose évoquant les machinations de Catherine de Médicis et osant toutes les ressources d'une théâtralité totale : potion soporifique, porte secrète... sans omettre les « mignons » du roi pour la parodie. C'est le triomphe du premier drame romantique.

Hugo
Hugo a exposé sa théorie du drame romantique dans la préface de *Cromwell* (1827) où il récuse les règles du théâtre classique. Il revendique le droit de mêler « le grotesque au sublime ». *Hernani* (1830) et *Ruy Blas* (1838) illustrent brillamment ce renouveau du genre.

Musset
Il se distingue en ce qu'il renonce assez vite à faire représenter ses pièces. Après l'échec de *La Nuit vénitienne*, il écrit des drames romantiques (*Lorenzaccio*), des drames et des comédies, en prose, mêlant des jeunes gens amoureux et des personnages vieillissants, grotesques et autoritaires.

Émile Augier
Ses comédies de mœurs connaissent le succès. Il y dépeint ironiquement les travers de la bourgeoisie du second Empire : *Le Gendre de Monsieur Poirier* (1854), *Les Lionnes pauvres* (1858)...

Alexandre Dumas fils
Dans la même veine, Dumas fils donne *La Dame aux camélias* (1852). Ses rapports difficiles avec son père inspirent la problématique familiale de nombreuses pièces : *La Question d'argent* (1857), *Le Fils naturel* (1858)...

Eugène Labiche
Il propose son observation des mœurs dans la veine comique du vaudeville : *Le Voyage de Monsieur Perrichon* (1860), *La Cagnotte* (1864).

REPÈRES

Caligula : théâtre et histoire
Créée en 1945, avec Gérard Philipe dans le rôle titre, *Caligula* a eu une première version, en 1921. Camus présente l'argument : « Caligula, prince relativement aimable jusque là, s'aperçoit à la mort de Drusilla, sa sœur et sa maîtresse, que "les hommes meurent et ils ne sont pas heureux". Dès lors, obsédé par la quête de l'absolu, empoisonné de mépris et d'horreur, il tente d'exercer, par le meurtre et la perversion systématique de toutes les valeurs, une liberté dont il découvrira pour finir qu'elle n'est pas la bonne. Il récuse l'amitié et l'amour, la simple solidarité humaine, le bien et le mal. Il prend au mot ceux qui l'entourent, il les force à la logique, il nivelle tout autour de lui par la force de son refus et par la rage de destruction où l'entraîne sa passion de vivre. »
Caligula, personnage historique, est connu notamment par *La vie des douze Césars* de l'historien Suétone. Descendant d'Auguste, successeur de Tibère, il devient empereur en 31. Après six mois d'un règne juste et libéral, il devient tyrannique et incarne la figure d'un « empereur fou ». Il ridiculise le Sénat et les consuls, fait assassiner ses proches. Une conjuration le fait assassiner par des soldats de sa garde, en l'an 41.

Le retour de la tragédie au XXe siècle
Genre dominant du théâtre classique, la tragédie renaît au XXe siècle avec la création de pièces qui renouvellent l'approche de grandes figures des mythes et de l'histoire antiques.
- Jean Cocteau, *La Machine infernale*, créée en 1934 : variation poétique inspirée de l'*Œdipe roi* de Sophocle.
- Jean Giraudoux, *La guerre de Troie n'aura pas lieu*, 1935 : sur l'impossibilité d'échapper à la guerre.
- Jean Anouilh, *Euridyce*, 1942 : version modernisée du mythe d'Orphée et d'*Antigone*, 1944, inspirée de Sophocle, elle devient l'allégorie de la Résistance.
- Henri de Montherlant, *La Reine morte*, 1942 : évoque un épisode de la vie à la cour du Portugal au XIVe siècle.

Commentaire de texte : Albert Camus, *Caligula*

Le texte

Caligula, empereur romain dément et sanguinaire, est assassiné en 41 après Jésus-Christ par une conjuration formée par les chefs de la noblesse et du sénat. Hélicon est son fidèle confident. Cet extrait est le dénouement.

Buste de Caligula.

Il tourne sur lui-même, hagard, va vers le miroir.
CALIGULA (*des bruits d'armes*)— [...] C'est l'innocence qui prépare son triomphe. Que ne suis-je à leur place ! J'ai peur. Quel dégoût, après avoir méprisé les autres, de se sentir la même lâcheté dans l'âme. Mais cela ne fait rien. La peur non plus ne dure pas. Je vais retrouver ce grand vide où le cœur s'apaise.
Il recule un peu, revient vers le miroir. Il semble plus calme. Il recommence à parler, mais d'une voix plus basse et plus concentrée.
Tout a l'air si compliqué. Tout est si simple pourtant. Si j'avais eu la lune, si l'amour suffisait, tout serait changé. Mais où étancher cette soif ? Quel cœur, quel dieu aurait pour moi la profondeur d'un lac ? (*S'agenouillant et pleurant.*) Rien dans ce monde, ni dans l'autre, qui soit à ma mesure. Je sais pourtant, et tu le sais aussi (*il tend les mains vers le miroir en pleurant*), qu'il suffirait que l'impossible soit. L'impossible ! Je l'ai cherché aux limites du monde, aux confins de moi-même. J'ai tendu mes mains, (*criant :*) je tends mes mains et c'est toi que je rencontre, toujours toi en face de moi, et je suis pour toi plein de haine. Je n'ai pas pris la voie qu'il fallait, je n'aboutis à rien. Ma liberté n'est pas la bonne. Hélicon ! Hélicon ! Rien ! Rien encore. Oh ! Cette nuit est lourde ! Hélicon ne viendra pas : nous serons coupables à jamais ! Cette nuit est lourde comme la douleur humaine.
Des bruits d'armes et des chuchotements s'entendent en coulisse. Hélicon (*surgissant au fond*)
Garde-toi, Caïus ! Garde-toi !
Une main invisible poignarde Hélicon. Caligula se relève, prend un siège bas dans la main et approche du miroir en soufflant. Il s'observe, simule un bond en avant et, devant le mouvement symétrique de son double dans la glace, lance son siège à toute volée en hurlant :
À l'histoire, Caligula, à l'histoire.
Le miroir se brise et, dans le même moment, par toutes les issues, entrent les conjurés en armes. Caligula leur fait face avec un rire fou. Le vieux patricien le frappe dans le dos, Chéréa en pleine figure. Le rire de Caligula se transforme en hoquets. Tous frappent. Dans un dernier hoquet, Caligula, riant et râlant hurle :
Je suis encore vivant !
Rideau.
(Albert Camus, *Caligula*, 1944, acte IV, scène 14.)

Introduction

Caligula, est un drame en quatre actes d'Albert Camus, publié en 1944 et inspiré du destin du jeune empereur romain assassiné en 41 après Jésus-Christ. Mais l'auteur en fait un héros de l'absurde, aux côtés de Sisyphe, de Meursault (*L'Étranger*) et de Jan, victime du *Malentendu*, pour constituer ce qu'il a appelé « le cycle de l'absurde ». Par les humiliations infligées aux patriciens, les meurtres gratuits, il a réussi à provoquer une révolte contre lui-même, contre l'absurde qu'il incarne. Il n'a rien fait pour empêcher le complot qui se trame contre lui, parce qu'il a aussi pris conscience que « tuer n'est pas la solution ». Cette prise de conscience annonce et justifie le dénouement : il ne lui reste plus qu'à jouer le dernier acte de cette tragédie qu'il a lui-même montée. Caligula, d'abord seul en scène devant son miroir, se lance dans un long monologue, qui occupe les deux tiers de la scène. Il y fait le bilan désespéré de son action, puis il s'offre aux coups des conjurés qui surgissent. On assiste à la mort de Caligula et de son fidèle confident, Hélicon.
Nous étudierons tout d'abord le face-à-face de Caligula avec lui-même, occasion pour lui de faire le bilan de son action, puis nous nous attacherons à l'étude de la dimension tragique et spectaculaire de la mort de Caligula, héros de l'absurde.

Le plan détaillé du développement

I. Le face-à-face de Caligula avec lui-même : le bilan de son action

a) Caligula, seul face au miroir : situation symbolique et révélatrice
Dégager la valeur symbolique de la situation en analysant les didascalies indiquant la gestuelle. Faux-monologue (= dialogue avec soi, alternance des pronoms de première et de deuxième personne du singulier : « *Je* sais pourtant, et *tu* le sais aussi. ») permettant un retour sur soi.

b) La libre expression des sentiments face à une mort attendue
Relever la progression des sentiments : peur/dégoût de sa lâcheté. D'où son abandon à la mort libératrice : « Je vais retrouver ce grand vide où le cœur s'apaise. » périphrase = aveu de son athéisme, absence d'un au-delà. Néant = apaisement espéré et anticipé dans la didascalie : « Il semble plus calme. »

c) Face au miroir, le bilan négatif

Aveu de son erreur dans sa quête de l'impossible, dans son exigence d'absolu symbolisé par la lune. Mise en relief en tête de phrase du mot « impossible » – ponctuation exclamative – emploi du passé composé = quête appartenant au passé, vouée à l'échec. Gradation descendante « limites du monde/confins de moi-même) = rétrécissement de l'espace, anéantissement de ses rêves.

Analyse des raisons de son échec : quête insensée, contradiction soulignée par l'antithèse compliqué/simple. Goût de l'absolu ne pouvant être satisfait par l'amour humain, imparfait, ni par l'amour d'un dieu. Questions purement rhétoriques, « Mais où étancher cette soif ? Quel cœur, quel dieu aurait pour moi la profondeur d'un lac ? » Métaphore filée de la « soif » que ne peuvent étancher ni l'amour, ni la religion. Constat négatif, amer et résigné : « Rien dans ce monde, ni dans l'autre, qui soit à ma mesure. »

d) La reconnaissance de l'échec inspire culpabilité et haine

Reconnaissance explicite de son erreur dans l'exercice du pouvoir : « Je n'ai pas pris la voie... ». Dernier sursaut : appel désespéré à son confident Hélicon (deux occurrences exclamatives). Trois phrases négatives et l'adverbe « rien » = aveu d'échec total. Prise de conscience de sa culpabilité radicale et de celle d'Hélicon qui l'a soutenu dans cette folie : « [...] *nous* serons coupables ». Comparaison soulignant le poids de la faute et de la douleur qui l'accompagne. Généralisation traduisant aussi l'écrasement de l'homme qui ne peut échapper à sa condition. Didascalies marquant sa capitulation et son désespoir : « s'agenouillant et pleurant », « il tend les mains vers le miroir en pleurant » avec des verbes qui soulignent son accablement, son effondrement. Il ne reste plus à Caligula qu'à mourir, à se laisser tuer.

II. Un dénouement tragique, spectaculaire et riche de sens

a) Une scène d'action spectaculaire

Méditation interrompue par l'arrivée quasi simultanée des conjurés (didascalies) et le retour précipité du confident pour le protéger. « Garde-toi, Caïus ! Garde-toi ! » : impératif de mise en garde répétée et désespérée = fidélité d'Hélicon. Réaction surprenante de Caligula, aucune surprise, aucun geste de défense. Mise en scène de soi, (théâtre dans le théâtre), « il s'observe, simule », semble jouer. Gestes provocateurs décrits dans une longue didascalie « Caligula se relève, [...] lance son siège à toute volée en hurlant. » Meurtre de Caligula par les conjurés = scène d'action violente, loin de la règle de bienséance du théâtre classique. Unanimité des conjurés soulignée par les pluriels, les pronoms indéfinis « toutes », « tous » ; où se distinguent « le vieux patricien le frappe dans le dos » et Chéréa qui le frappe « en pleine figure », comme s'il voulait détruire un symbole.

b) La mort du héros de l'absurde : « un suicide supérieur »

Rôle révélateur du miroir. Caligula brise son image en brisant le miroir. Forme de suicide symbolique qui préfigure son abandon aux coups des conjurés. Courage et grandeur de Caligula : il « leur fait face, avec un rire fou ». Excite leur haine du tyran fou et de l'absurde qu'il a incarné : « Caligula, riant et râlant, hurle. »

c) Le testament de Caligula, en deux phrases riches de sens

La première : « À l'histoire, Caligula, à l'histoire. » est un appel à la postérité : désormais, Caligula appartient à l'histoire. La seconde : « Je suis encore vivant ! » = cri paradoxal puisque Caligula meurt en même temps sous les coups des conjurés (cri historique selon Suétone). Ce cri prend surtout une dimension philosophique : par-delà sa mort, ce qu'il incarne, à savoir l'absurde, perdurera, s'incarnera sous d'autres visages.

Conclusion

Scène de dénouement très symbolique. Scène très théâtrale aussi, d'une grande intensité dramatique. Caligula = personnage majeur de l'œuvre de Camus qui fait écho à d'autres héros épris d'absolu : Hamlet chez Shakespeare, dom Juan chez Molière. Enfin, en concluant à travers son personnage qui n'a pas pris la voie qu'il fallait, Camus laisse entendre qu'il reste d'autres voies à essayer : celle de la révolte humaniste et constructive contre l'absurde (*cf.* celle du docteur Rieux et de Tarrou dans *La Peste*). ■

Ce qu'il ne faut pas faire

Choisir cet exercice si vous ne connaissez pas le thème de la pièce ni sa place dans l'œuvre de Camus !

REPÈRES

Trois dramaturges contemporains.

Éric-Emmanuel Schmitt

Né en 1960, il est à la fois dramaturge, nouvelliste, romancier et réalisateur de cinéma. Au théâtre, il a notamment créé *La Nuit de Valognes* (1991), *Variations énigmatiques* (1996) avec Alain Delon, *Monsieur Ibrahim et les fleurs du Coran* (1999), *La Tectonique des sentiments* (2008). *Kiki van Beethoven* (2010) est l'adaptation de son essai *Quand je pense que Beethoven est mort alors que tant de crétins vivent*.

Yasmina Reza

Également auteur de romans et de récits, Yasmina Reza fait preuve d'un pessimisme voilé d'humour. Les personnages de ses pièces reflètent les défauts et le ridicule de notre époque. *Art* (1994) a connu un succès immédiat en France et aux États-Unis. L'intrigue s'organise autour d'un tableau blanc, avec de fins liserés transversaux, que Serge vient d'acheter. Les avis de ses amis, Marc et Yvan, sont partagés. Les trois amis vont s'entre-déchirer autour de ce tableau blanc en invoquant des arguments qui tournent autour de l'art moderne et de l'art contemporain. En janvier 2008, elle met en scène sa nouvelle pièce, *Le Dieu du carnage*, au théâtre Antoine, à Paris.

Jean-Michel Ribes

Jean-Michel Ribes, né en 1946, est acteur, dramaturge, metteur en scène de théâtre, réalisateur et scénariste au cinéma. Parmi ses créations : *Théâtre sans animaux*, en 2001, au Théâtre Tristan Bernard, *Musée haut, musée bas*, en 2004, au Théâtre du Rond-Point, *René l'énervé*, opéra bouffe et tumultueux, en 2011, au Théâtre du Rond-Point.

CITATION

« Il n'y a de théâtre vivant que si des auteurs y sont attachés. Ce sont les auteurs autant que les troupes qui font les théâtres ». (Jean-Louis Barrault, *Hommage à Albert Camus*, La Nouvelle revue française, 1960.)

SUJETS TOMBÉS AU BAC SUR CE THÈME

Dissertations

– Dans quelle mesure le costume de théâtre joue-t-il un rôle important dans la représentation d'une pièce et contribue-t-il à l'élaboration de son sens pour le spectateur ? (Sujet national, 2004, S et ES)

– Dans quelle mesure le spectateur est-il partie prenante de la représentation théâtrale ? (Sujet national, 2007, S et ES)

– Dans quelle mesure peut-on affirmer, comme Eugène Ionesco, que le théâtre « rejoignant une vérité universelle », « me renvoie mon image » et qu'il est « miroir » ? (Polynésie, 2009, séries S, ES)

La mort de Bernard-Marie Koltès

Richesses des solitudes

Il C'est Patrice Chéreau qui a fait connaitre Bernard-Marie Koltès, mais auparavant, en 1981, Jean-Luc Boutté monte au Petit-Odéon avec Richard Fontana, *La Nuit juste avant les forêts*. On découvre la musicalité rythmée d'une écriture en même temps fluide et complexe, qui laisse imaginer un physique d'aventurier. Mais jusque dans la maladie, Bernard-Marie Koltès a gardé la beauté de l'adolescence. Il venait de Metz, où il avait fait le conservatoire de musique, en passant par New York, où il était arrivé en 1968, plongeant d'un coup dans un monde nouveau, intense, éclatant.

Entre-temps, il est passé aussi par Strasbourg, où il a vu Maria Casarès mise en scène par Jorge Lavelli dans *Médée*. À partir de là, il sait qu'il va écrire pour le théâtre. Il entre à l'école du TNS, dans la section des régisseurs, il aime, dit-il « le côté matériel du spectacle, le bois, les toiles des décors ». Il commence un roman qu'il n'a jamais sorti de son tiroir. Il voyage en Afrique. Il traduit Athol Fugard. Plus tard il traduit *Le Conte d'hiver* pour Luc Bondy.

La rencontre avec Patrice Chéreau est fondamentale. Ce qui rapproche les deux hommes est peut-être leur sens de la solitude. Comme un secret qu'ils partageraient et qui échappe aux paroles. Bernard-Marie Koltès habite des appartements d'aspect banal, très bien rangés, dont il s'évade brusquement, pour s'en aller loin, ou simplement voir des films de karaté dans les cinémas de Barbès.

Patrice Chéreau monte toutes les pièces de Koltès : *Combat de nègres et de chiens*, *Quai Ouest*. Une pièce dans laquelle il cherche, déclare-t-il « un comique immédiat ». Il se défend de décrire des milieux sordides : « Mon milieu, va de l'hôtel particulier à l'hôtel d'immigrés... Les racines, ça n'existe pas. Il existe n'importe où des endroits. À un moment donné, on s'y trouve bien dans sa peau... Mes racines, elles sont au point de jonction entre la langue française et le blues. »

À ce point de jonction est *Solitude des champs de coton*. Dans ce dialogue, ce double monologue croisé où la parole est une arme mortelle, l'écriture de Bernard-Marie Koltès atteint sa plénitude. La pièce est créée avec Laurent Malet et Isaach de Bankolé, dont Patrice Chéreau reprend le rôle – personnage inquiétant et pathétique, comme pouvait l'être Michel Simon.

> **POURQUOI CET ARTICLE ?**
>
> Bernard-Marie Koltès (1948-1989) est un auteur dramatique de premier plan, dont les œuvres ont marqué les scènes de la fin du XXe siècle. En 1989, au moment de sa disparition à l'âge de 41 ans, Colette Godard revenait sur les principales étapes d'une vie dédiée au théâtre. La rencontre essentielle qui a marqué sa carrière de dramaturge est celle avec Patrice Chéreau, qui montera toutes ses pièces. Le candidat au bac de français trouvera dans cet article les informations essentielles (titres des pièces, metteurs en scène et comédiens interprètes) sur **un auteur que l'on considère comme « l'un des phares du théâtre contemporain ».**

En France, peu de metteurs en scène se risquent à monter, après Chéreau, les pièces de Koltès. Mais il est joué en Angleterre, en Scandinavie, en Hollande, en Allemagne. Il a écrit le *Retour au désert* pour Jacqueline Maillan, et elle l'a joué avec Michel Piccoli au théâtre Renaud-Barrault. Il espérait un succès comique : « Il y a mille façons de rire », disait-il.

Devenu extrêmement pointilleux, Bernard-Marie Koltès était en désaccord avec la version allemande de ce *Retour au désert*, qu'Alexander Lang a monté au Thalia de Hambourg, et qui va être présenté aux prochaines Rencontres théâtrales de Berlin. Mais il se savait malade et voulait avant tout terminer sa dernière pièce, *Roberto Zucco* d'après l'histoire de cet homme, Roberto Succo (il a juste changé la première lettre du nom) qui, sans raison apparente, a tué ses parents, a été soigné, est sorti de l'hôpital, a vécu simplement, puis a recommencé à tuer, a été arrêté par hasard, s'est révolté, s'est suicidé... Bernard-Marie Koltès a peu écrit, il reste l'un des phares du théâtre contemporain. ■

Colette Godard
(19 avril 1989)

« Les Justes » libérés du théâtre d'idées

Soixante ans après sa création, la pièce de Camus est présentée par Stanislas Nordey dans une mise en scène austère et rigoureuse.

À leur création, en décembre 1949 à Paris, *Les Justes* de Camus, ont reçu un accueil sceptique de la critique et du public : au bout de deux mois, les salles étaient à moitié vides, malgré la célébrité de l'auteur et l'attrait de la distribution, qui réunissait Serge Reggiani, Michel Bouquet et Maria Casarès. À Rennes, où *Les Justes* ont été joués du 2 au 13 mars au Théâtre national de Bretagne, avant de l'être à Paris, au Théâtre national de la Colline, du 19 mars au 23 avril, les 929 places de la grande salle ont été occupées tous les soirs par un public attiré, sans doute en partie, par la présence d'Emmanuelle Béart et de l'écrivain Wajdi Mouawad, mais conquis, au point que son écoute était palpable, par l'intérêt d'une pièce dont le propos s'adresse à chacun : « Quel est le prix de la vie d'un homme ? Ai-je le droit de tuer ? Jusqu'où peut-on aller pour défendre une cause ? »

Ces questions sont celles que se posent les personnages des Justes, des révolutionnaires russes. L'un d'eux a réellement existé : Ivan

Kaliayev (1877-1905). Il a été pendu après avoir tué le grand-duc, en lançant une bombe sur sa calèche. C'était sa seconde tentative. À la première, il avait renoncé, parce que le grand-duc était avec sa femme et deux neveux.

Dans la pièce, Albert Camus garde son nom et en fait un des protagonistes principaux, avec Stepan Fedorov, qui défend une thèse opposée : non, il ne fallait pas reculer à cause des enfants ; tout est bon pour la révolution. Ainsi commencent *Les Justes*, une pièce qui reprend certains faits historiques, mais qui pour autant n'est pas une pièce historique. En son centre sont les idées.

Limites morales

« Notre monde n'a pas besoin d'âmes tièdes », écrivait Camus en 1944, dans le journal *Combat*. « Il a besoin de cœurs brûlants qui sachent faire à la modération sa juste place. » Cinq ans plus tard, l'auteur de *L'Homme révolté* développe dans *Les Justes* cette problématique des limites morales à la violence, en donnant tous les points de vue, dans un élan cornélien qui fait s'opposer les thèses de la loi et de la nécessité, de l'amour et de la mort, du meurtre et du pardon. C'est cette problématique qui a intéressé Stanislas Nordey. Quand il mettait en scène *Incendies*, de Wajdi Mouawad, en 2008, il a cherché, comme il le fait toujours, des textes qui fassent écho au texte. Il a ainsi lu *Les Justes*. « J'ai été très frappé de redécouvrir une pièce que je croyais connaître. Camus l'écrit après la seconde guerre mondiale, pendant laquelle les nazis traitaient les résistants de "terroristes", et avant la guerre d'Algérie, où se posera la question de la violence, toujours d'actualité : comment combattre quand on est dans une situation de guerre ou de dictature ? »

Stanislas Nordey est à l'aise dans ce théâtre où circule de la pensée. Pour la représenter, il choisit des acteurs venus d'horizons différents : Wajdi Mouawad interprétera Stepan l'enflammé. Pour Dora, la seule femme de la pièce, il veut une « figure neuve et familière ». Ce sera Emmanuelle Béart, qui n'a pas joué au théâtre depuis quatorze ans, et dont il apprécie l'engagement : il a passé trois semaines avec elle à l'église Saint-Bernard, l'été 1996, pour défendre les sans-papiers.

La voilà, silhouette sombre et ferme, sur le plateau nimbé d'une ambiance crépusculaire. Elle est impeccable et impeccablement solidaire d'une distribution de haut niveau, où l'on regrettera cependant les élans lyriquement douloureux de Wajdi Mouawad, barbu, chevelu et portant lunettes. Cela ne grève pas la représentation, austère et rigoureuse, mais illuminée par la clarté d'une intelligence qui libère *Les Justes* du théâtre d'idées daté pour en faire une réflexion sur les idées. Aujourd'hui. ■

Brigitte Salino
(14 mars 2010)

POURQUOI CET ARTICLE ?

Les Justes de Camus, sont repris au printemps 2010 dans une mise en scène de Stanislas Nordey. Dans sa critique, Brigitte Salino rappelle le thème de la pièce dont les personnages sont des révolutionnaires russes en lutte contre un pouvoir tyrannique. Ils sont divisés : jusqu'où peut-on aller pour défendre une cause ? Le candidat au bac de français retiendra, à la lecture de cet article, qu'une pièce comme *Les Justes* de Camus – qui eut très peu de succès en 1949 – peut se voir **réactualisée par les choix du metteur en scène** et se trouver libérée du « théâtre d'idées » pour retrouver sa profondeur intemporelle.

L'ESSENTIEL DU COURS

REPÈRES

Les formes du dialogue théâtral.

Didascalie
Ces précieuses indications pour la lecture et la mise en scène sont proposées dans le texte de la pièce. Elles donnent des informations sur le nom des personnages, le découpage en actes et scènes, le lieu, l'époque, les gestes, les mimiques, le ton d'un personnage (exemple : « *Figaro (seul, se promenant dans l'obscurité, dit du ton le plus sombre.)* »), l'énonciation (exemple : « en aparté »), le décor (exemple : « *Devant le château. Perdican* »), les bruits, la musique (exemple : « *On entend soudain la valse qui recommence, accompagnée de rires, de vivats, du bruit des verres entrechoqués. Puis tout s'arrête brusquement.* ») ou encore les accessoires (exemple : « *Caligula se relève, prend un siège bas dans la main et approche du miroir en soufflant* »).

Monologue
Le monologue est un faux dialogue où le personnage se parle à lui-même. Il peut prendre la forme de stances, si le style en est poétique ; il peut être un aparté, si d'autres personnages sont sur scène mais ne sont pas censés entendre ce que dit le premier personnage.

Récit
Il est employé pour donner à entendre des faits qui ne sont pas représentés sur scène, soit parce que la bienséance s'y oppose, soit parce qu'ils se déroulent dans un autre lieu ou une autre époque.

Réplique
La réplique est une prise de parole par un personnage.

Tirade
Cette longue réplique, souvent argumentative, peut également appartenir à un registre lyrique, tragique, épique, etc.

Stichomythie
Il s'agit d'une succession rapide de répliques dans laquelle les personnages se répondent vers par vers. Elle révèle un moment intense d'échange.

Le théâtre et la question

Le théâtre est un genre littéraire, mais aussi un spectacle ; cette double dimension pose la question des rapports entre le texte et la mise en scène.

Le théâtre : un texte

Si l'on excepte la *commedia dell'arte* (jouée aux XVIe et XVIIe siècles, en Italie et en France), où le texte est réduit à un canevas sur lequel les acteurs improvisent, une pièce de théâtre est écrite par un auteur dramatique. Ce texte est composé de deux éléments distincts : le dialogue, et les didascalies.

Le **dialogue** est le **discours direct entre les personnages**. Il permet au spectateur :
– de connaître les pensées et les sentiments des personnages ;
– de connaître les informations nécessaires à la compréhension de la pièce ;
– de ressentir des émotions.

Le texte théâtral se distingue ainsi par une « **double énonciation** » : les acteurs se parlent entre eux (premier niveau d'énonciation), mais ils s'adressent aussi au public (second niveau d'énonciation). Cette spécificité peut donner lieu à des jeux, si le spectateur en sait davantage qu'un personnage, comme dans le cas du quiproquo par exemple.

En prose ou en vers, le texte théâtral diffère toujours de la communication de la « vie réelle ». En effet, il s'agit **d'un texte littéraire, qui vise à l'efficacité** : les paroles prononcées doivent avoir un lien avec l'action représentée sur scène. D'autre part, dans les répliques, **les rythmes et les sonorités ont autant d'importance que le sens** : il s'agit pour le dramaturge d'**engendrer des émotions chez le spectateur**, de le frapper, et de créer un univers.

Les **didascalies** sont **les indications scéniques** que l'auteur donne au metteur en scène, aux acteurs, et éventuellement au lecteur, mais pas au spectateur. Elles sont souvent présentées en italiques, et signalent d'emblée qu'une pièce ne se réduit pas aux échanges verbaux entre personnages.

La représentation

Une pièce de théâtre – sauf cas exceptionnel, comme Musset et son *Spectacle dans un fauteuil* par exemple – est **écrite pour être jouée, c'est-à-dire pour être mise en scène**. Les **didascalies restent des indications**, même si elles sont essentielles. **Le metteur en scène a donc un rôle décisif dans le passage du texte à la représentation concrète**.

Au XVIIe siècle, la règle des trois unités impose **un seul lieu**, un **temps réduit à 24 heures** et une seule **action**. Le lieu peut être une pièce dans un palais, un intérieur bourgeois, une place, etc. que le metteur en scène meuble et décore.

Aux XIXe et XXe siècles, les lieux sont multiples, ce qui impose des **changements de décors**. Le metteur en scène peut choisir des décors réalistes ou stylisés, voire de simples écriteaux indiquant la nature du lieu (renouant ainsi avec les procédés du Moyen Âge et de la Renaissance).

Dans tous les cas, **la convention choisie est acceptée par le spectateur**. Cependant, chacune engendre des émotions différentes.

La musique, la lumière, les costumes, les décors… sont autant d'**éléments de mise en scène** laissés à la discrétion du metteur en scène. À chaque moment d'une pièce existent donc **des choix à faire**, qui engagent le **sens de l'œuvre**.

Les acteurs sont dirigés par le metteur en scène : leur travail commun permet de faire émerger une diction, un débit, des intonations, mais aussi des gestes, des déplacements… Là encore, les choix effectués donneront une couleur spécifique à la pièce.

Mise en scène et création

Ainsi, le metteur en scène n'est pas un simple exécutant ; il ne peut pas se contenter de transposer les didascalies en éléments réels. D'une part, parce qu'elles n'étaient pas fréquentes jusqu'au XIXe siècle ; d'autre part, parce que ces indications laissent encore de la place pour une interprétation ; enfin, parce que chaque mise en scène est unique et que **le théâtre est un art « vivant »**. La mise en scène est donc « **création** », à partir de l'œuvre de l'auteur dramatique.

En règle générale, la représentation s'attache à rendre visible, par des signes, le sens de l'œuvre écrite. Les metteurs en scène respectent le texte, mais aussi les lieux (décors), l'époque, les classes sociales des personnages, etc. Il y a ainsi **conver-**

de la mise en scène

gence entre la pièce telle qu'elle a été écrite et la représentation.

Cependant, le respect du texte et des conditions de création initiale n'empêchent pas que deux metteurs en scène donneront, pour la même œuvre, un spectacle différent. En effet, les costumes, le ton ou les déplacements des acteurs, le choix même des acteurs (connus ou inconnus, plus ou moins jeunes, de physiques différents, etc.) sont autant d'éléments qui donneront au spectacle sa spécificité. Chaque metteur en scène offre donc **un apport personnel au texte initial**.

Enfin, certains metteurs en scène choisissent de s'écarter délibérément de l'un ou l'autre des aspects du texte initial : il y a alors **divergence**. On peut ainsi **transposer le sujet dans une autre époque** (par exemple, faire jouer une œuvre de Marivaux par des comédiens en *jean*) : le texte est le même – cependant, il prend, par cette modernisation, un sens nouveau. Un metteur en scène peut également envisager la pièce selon **un angle original**. Ainsi, le monologue de *L'Avare*, de Molière, dans lequel le personnage se plaint d'avoir été volé et de ne pas retrouver sa « cassette », est d'un **registre comique** ; mais on peut le dire avec lenteur, sur un **ton pathétique**, comme le fit, par exemple, Jouvet. Dans ce dernier cas, il n'y a pas « trahison » de l'auteur : le metteur en scène met soudain en relief un aspect du personnage qui disparaissait sous le comique. Harpagon reste ridicule, certes, mais devient aussi émouvant et révèle le mal dont il souffre.

Conclusion

Le spectacle théâtral est à la fois « représentation » et « re-création » ; par ces deux aspects, il permet la redécouverte de l'œuvre originale.

DEUX ARTICLES DU *MONDE* À CONSULTER

- **Shakespeare par Py : la sulfureuse équation** p. 37
(Brigitte Salino, 25 septembre 2011)

- **Au théâtre dans son fauteuil** p. 38
(Pierre Assouline, 29 janvier 2010)

ZOOM SUR...

Les différents types de comique et les registres.

Comique de caractère
Un avare, un misanthrope ne sont pas comiques en soi. Pourtant, ils le deviennent quand ce trait de caractère devient une folie qui les aveugle et fait d'eux des proies faciles. C'est ce que l'on appelle le comique de caractère. Le naïf Orgon, par exemple, sort de sous la table où il s'était caché et, au lieu de chasser Tartuffe de chez lui, s'attendrit à ses discours.

Comique de gestes
Le comique de gestes fait la part belle à la mimique, à la grimace, à l'exubérance gestuelle. Le comique de gestes est « transformiste » : on rit de voir le corps de l'acteur s'aplatir, s'allonger, diminuer, s'envoler...

Comique de mots
Mots déformés ou tronqués, alliance de mots, réparties qui font mouche, tels sont les ressorts du comique de mots.

Comique de situation
Tombera ? tombera pas ? Verra ? verra pas... le comique de situation repose toujours sur un « piège » dans lequel un personnage, au moins, doit tomber. Le rire naît du bonheur de cette catastrophe différée. Telle est la situation de base, que l'auteur travaille ensuite à son gré, au moyen du quiproquo, de la péripétie, du coup de théâtre. Ainsi, dans le *Tartuffe* de Molière, Orgon est caché sous la table pendant que Tartuffe fait la cour à sa femme.

Registre burlesque
Le burlesque est un type de comique qui consiste à traiter un sujet héroïque ou sérieux en des termes vulgaires ou populaires. Le burlesque peut être rapproché de la parodie, du pastiche ou de la caricature en ce qu'il relève d'une imitation : l'idée est de travestir un modèle en mettant l'accent sur l'inversion des valeurs (le haut devient le bas opérant une démythification de l'héroïsme). Le rire burlesque prend ainsi une signification politique : il rabaisse l'orgueil des grands qui deviennent objets de risée.

MOTS CLÉS

ACTE

Dans la dramaturgie classique, une pièce de théâtre est divisée en actes. Au XVIIe siècle, on descendait, entre chaque acte, les lustres éclairant la scène afin de renouveler les chandelles : par conséquent, un acte dure le temps qu'il faut pour brûler une chandelle (trois quarts d'heure). De nos jours, on baisse le rideau à la fin d'un acte pour le relever ensuite. La règle classique de la vraisemblance impose, au milieu du XVIIe siècle, que l'acte soit une unité temporelle absolument continue, les ellipses étant situées entre les actes. Le temps de l'acte est alors une représentation en temps réel, tandis que l'entracte, aussi court soit-il, représente une durée indéterminée.

COUP DE THÉÂTRE

Événement inattendu qui provoque un brusque revirement dans l'intrigue. Chez Molière, par exemple, cet événement est très souvent une reconnaissance qui vient rompre, d'un coup, le nœud dramatique et qui permet une réconciliation. Ainsi, à la fin de *L'Avare*, Marianne, qu'Harpagon veut épouser à la barbe de son fils, se révèle être la fille de son ami Anselme et la sœur de Valère, l'amoureux d'Élise, sa fille. Il peut être le fruit d'un *deus ex machina*, c'est-à-dire procéder d'une « intervention divine » (les dieux, dans le théâtre du Grec Euripide, descendent du ciel suspendus à une grue que l'on appelle une « machine »). Par extension métaphorique, l'expression désigne une intervention providentielle et totalement extérieure à l'intrigue.

DRAMATURGIE

Le terme dramaturgie peut désigner soit l'activité du dramaturge (c'est-à-dire l'écrivain de théâtre), soit toutes les possibilités scéniques que contient un texte de théâtre. Étudier une pièce sous un « angle dramaturgique », c'est alors la penser comme un texte, non à lire, mais à jouer. Attention, dans le théâtre actuel, on appelle dramaturge la personne qui aide le metteur en scène à élucider les enjeux scéniques d'un texte de théâtre (ce n'est donc ni l'auteur, ni le metteur en scène).

Questions liminaires :
Le monologue chez Molière, Beaumarchais, Musset et Tardieu

Alfred de Musset par Charles Landelle, 1854.

Les textes

Texte 1

George Dandin, riche paysan qui a épousé la noble Angélique, paraît seul sur scène.

GEORGE DANDIN — Ah ! qu'une femme demoiselle est une étrange affaire ! et que mon mariage est une leçon bien parlante à tous les paysans qui veulent s'élever au-dessus de leur condition, et s'allier, comme j'ai fait, à la maison d'un gentilhomme ! La noblesse, de soi, est bonne ; c'est une chose considérable, assurément : mais elle est accompagnée de tant de mauvaises circonstances, qu'il est très bon de ne s'y point frotter. Je suis devenu là-dessus savant à mes dépens, et connais le style des nobles, lorsqu'ils nous font, nous autres, entrer dans leur famille. L'alliance qu'ils font est petite avec nos personnes : c'est notre bien seul qu'ils épousent ; et j'aurais bien mieux fait, tout riche que je suis, de m'allier en bonne et franche paysannerie, que de prendre une femme qui se tient au-dessus de moi, s'offense de porter mon nom, et pense qu'avec tout mon bien je n'ai pas assez acheté la qualité de son mari. George Dandin ! George Dandin ! vous avez fait une sottise, la plus grande du monde. Ma maison m'est effroyable maintenant, et je n'y rentre point sans y trouver quelque chagrin.

(Molière, *George Dandin ou Le Mari confondu*, acte I, scène 1, 1668.)

Texte 2

Le valet du Comte Almaviva, Figaro, doit épouser Suzanne, servante de la Comtesse. Il apprend que le Comte n'a pas renoncé au « droit de cuissage », ancienne coutume qui permet au maître de passer la nuit de noces avec la mariée. Figaro se plaint de son sort et de Suzanne qui va, d'après lui, céder au Comte à qui elle a donné un rendez-vous secret.

FIGARO *(seul, se promenant dans l'obscurité, dit du ton le plus sombre.)* — Ô femme ! femme ! femme ! créature faible et décevante !... nul animal créé ne peut manquer à son instinct ; le tien est-il donc de tromper ?... Après m'avoir obstinément refusé quand je l'en pressais devant sa maîtresse, à l'instant qu'elle me donne sa parole, au milieu même de la cérémonie... Il riait en lisant, le perfide ! et moi comme un benêt... non, Monsieur le Comte, vous ne l'aurez pas... vous ne l'aurez pas. Parce que vous êtes un grand seigneur, vous vous croyez un grand génie !... noblesse, fortune, un rang, des places ; tout cela rend si fier ! Qu'avez-vous fait pour tant de biens ? Vous vous êtes donné la peine de naître, et rien de plus. Du reste, homme assez ordinaire ! tandis que moi, morbleu ! perdu dans la foule obscure, il m'a fallu déployer plus de science et de calculs pour subsister seulement, qu'on n'en a mis depuis cent ans à gouverner toutes les Espagnes ; et vous voulez jouter... On vient... c'est elle... ce n'est personne. – La nuit est noire en diable, et me voilà faisant le sot métier de mari quoique je ne le sois qu'à moitié ! *Il s'assied sur un banc.* –Est-il rien de plus bizarre que ma destinée ? [...]

(Pierre Augustin Caron de Beaumarchais, *La Folle Journée ou Le Mariage de Figaro*, acte V, scène 3, 1784.)

Texte 3

Perdican est amoureux de sa cousine Camille, qu'il doit épouser. Mais elle repousse son amour car elle a décidé d'entrer au couvent. Les deux jeunes gens ont eu une discussion animée. Seul sur scène, Perdican s'interroge. Devant le château. PERDICAN — Je voudrais bien savoir si je suis amoureux. D'un côté, cette manière d'interroger est tant soit peu cavalière, pour une fille de dix-huit ans ; d'un autre, les idées que ces nonnes lui ont fourrées dans la tête auront de la peine à se corriger. De plus, elle doit partir aujourd'hui. Diable, je l'aime, cela est sûr. Après tout, qui sait ? peut-être elle répétait une leçon, et d'ailleurs il est clair qu'elle ne se soucie pas de moi. D'une autre part, elle a beau être jolie, cela n'empêche pas qu'elle n'ait des manières

beaucoup trop décidées et un ton trop brusque. Je n'ai qu'à n'y plus penser ; il est clair que je ne l'aime pas. Cela est certain qu'elle est jolie ; mais pourquoi cette conversation d'hier ne veut-elle pas me sortir de la tête ? En vérité, j'ai passé la nuit à radoter. Où vais-je donc ? – Ah ! je vais au village.
Il sort.
(Alfred de Musset, *On ne badine pas avec l'amour*, acte III, scène 1, 1834.)

Texte 4
Un bal est donné au château du Baron de Z... Les invités viennent tour à tour se présenter sur scène. Le premier d'entre eux est Dubois-Dupont.
Dubois-Dupont *(il est vêtu d'un « plaid » à pèlerine et à grands carreaux et coiffé d'une casquette assortie « genre anglais ». Il tient à la main une branche d'arbre en fleur)* — Je me présente : je suis le détective privé Dubois. Surnommé Dupont, à cause de ma ressemblance avec le célèbre policier anglais Smith. Voici ma carte : Dubois-Dupont, homme de confiance et de méfiance. Trouve la clé des énigmes et des coffres-forts. Brouille les ménages ou les raccommode, à la demande. Prix modérés.
Les raisons de ma présence ici sont mystérieuses autant que... mystérieuses... Mais vous les connaîtrez tout à l'heure. Je n'en dis pas plus. Je me tais. Motus.
Qu'il me suffise de vous indiquer que nous nous trouvons, par un beau soir de printemps *(il montre la branche)*, dans le manoir du baron de Z... Zède comme Zèbre, comme Zéphyr... *(il rit bêtement)* Mais chut ! Cela pourrait vous mettre sur la voie. Comme vous pouvez l'entendre, le baron et sa charmante épouse donnent, ce soir, un bal somptueux. La fête bat son plein. Il y a foule au manoir.
On entend soudain la valse qui recommence, accompagnée de rires, de vivats, du bruit des verres entrechoqués. Puis tout s'arrête brusquement.
Vous avez entendu ? C'est prodigieux ! Le bruit du bal s'arrête net quand je parle. Quand je me tais, il reprend.
Dès qu'il se tait, en effet, les bruits de bal recommencent, puis s'arrêtent.
Vous voyez ?...
Une bouffée de bruits de bal.
Vous entendez ?...
Bruits de bal.
Quand je me tais... *(bruits de bal)*... ça recommence quand je commence, cela se tait. C'est merveilleux ! Mais, assez causé ! Je suis là pour accomplir une mission périlleuse. Quelqu'un sait qui je suis. Tous les autres ignorent mon identité. J'ai tellement d'identités différentes ! C'est-à-dire que l'on me prend pour ce que je ne suis pas.
Le crime – car il y aura un crime – n'est pas encore consommé. Et pourtant, chose étrange, moi le détective, me voici déjà sur les lieux mêmes où il doit être perpétré !... Pourquoi ? Vous le saurez plus tard.
Je vais disparaître un instant, pour me mêler incognito à la foule étincelante des invités. Que de pierreries ! Que de bougies ! Que de satins ! Que de chignons ! Mais on vient !... Chut !... Je m'éclipse. Ni vu ni connu !
Il sort, par la droite, sur la pointe des pieds, un doigt sur les lèvres.
(Jean Tardieu, « Il y avait foule au manoir », *La Comédie du langage,* 1987.)

Questions

1. À qui s'adressent les personnages dans les différents monologues du corpus ?
2. À quoi servent, selon vous, les monologues proposés ?

1. La scène 1 de l'acte I de *George Dandin* de Molière, la scène 3 de l'acte V du *Mariage de Figaro* de Beaumarchais, la scène 1 de l'acte III de *On ne badine pas avec l'amour* de Musset et l'exposition de « Il y avait foule au manoir » de Tardieu sont quatre monologues.
À chaque fois, un personnage seul sur scène prononce une tirade qui peut être destinée à différents interlocuteurs. George Dandin, le personnage éponyme de la comédie de Molière, et Perdican, dans le drame de Musset, s'adressent tout d'abord à eux-

ZOOM SUR...

Les trois plus grands dramaturges de notre histoire littéraire.

Corneille (tragédie)
Dramaturge très novateur, Corneille (1606-1684) s'illustre dans différents registres.
• 1635 : *Médée*, première tragédie baroque sur un thème mythologique.
• 1636 : *L'Illusion comique*, chef-d'œuvre du théâtre baroque. L'intrigue inclut le procédé du « théâtre dans le théâtre », à rapprocher du *Songe d'une nuit d'été* de Shakespeare ou de *La vie est un songe* de Calderon.
• 1636 : *Le Cid* ; 1640 : *Horace*, *Cinna* et 1643 : *Polyeucte*, tragédies classiques.
• 1649 : *Don Sanche d'Aragon* préfigure le drame romantique.
• 1650 : *Andromède* ; 1650 : *La conquête de la toison d'or* et 1661 : *Psyché* (montée avec Molière en 1671), pièces à grand spectacle.

Molière (registre comique)
Jean-Baptiste Poquelin (1622-1673) devient Molière pour incarner, au plus haut degré, l'homme qui s'est identifié totalement à sa passion pour le théâtre. Il sera à la fois auteur, acteur, metteur en scène et directeur de troupe. Sa production très abondante inclut toutes les variantes du théâtre comique : farces (*Les Fourberies de Scapin*, 1671), comédies de mœurs (*Les Précieuses ridicules*, 1659), de caractère (*Le Misanthrope*, 1666), comédies ballets (*Le Bourgeois Gentilhomme*, 1670) et pièce à grand spectacle (*Psyché, 1671*).

Racine (tragédie)
Dans les pièces de Racine (1639-1699), la passion pousse les héros à tous les excès : jalousie, avidité, haine, cruauté. Cette passion les conduit à une déchéance lucide et sans rémission. Dès le lever du rideau, ils sont « en sursis », face à des conflits insolubles qui les conduisent inéluctablement à la mort ou à la folie.
• 1667 : *Andromaque.*
• 1669 : *Britannicus.*
• 1670 : *Bérénice.*
• 1672 : *Bajazet.*
• 1677 : *Phèdre.*
• 1691 : *Athalie.*

SUJETS TOMBÉS AU BAC SUR CE THÈME

Dissertations
– Le monologue, souvent utilisé au théâtre, paraît peu naturel. En prenant appui sur les textes du corpus, sur différentes pièces que vous avez pu lire ou voir et en vous référant à divers éléments propres au théâtre (costumes, décor, éclairages, les gestes, la voix, etc.), vous vous demanderez si le théâtre est seulement un art de l'artifice et de l'illusion. (Sujet national, 2009, séries technologiques)
– On emploie parfois l'expression « créer un personnage » au sujet d'un acteur qui endosse le rôle pour la première fois. Selon vous, peut-on dire que c'est l'acteur qui crée le personnage ? (Sujet national, 2009, série L)
– Selon quels critères, selon vous, une scène d'exposition est-elle réussie et remplit-elle sa fonction ? (Sujet national, 2011, séries technologiques)
– Au théâtre le rôle du metteur en scène peut-il être plus important que celui de l'auteur ? (Sujet national, 2011, séries L)

REPÈRES

Quelques metteurs en scène du XXe siècle.

Jean-Louis Barrault
Jean-Louis Barrault (1910-1994) a fondé en 1946, avec sa femme Madeleine Renaud, la Compagnie Renaud-Barrault. Il accorde une importance particulière au langage du corps, découvert grâce au mime. Directeur du Théâtre de l'Odéon, il monte les grandes œuvres classiques et les pièces les plus modernes : *Rhinocéros* d'Ionesco, *Oh les beaux jours* de Beckett, *Des journées entières dans les arbres* de Marguerite Duras.

Antoine Vitez
Antoine Vitez (1930-1990), professeur au Conservatoire d'art dramatique, a eu une influence déterminante sur le théâtre français d'après-guerre. Traducteur des auteurs russes – Tchekhov (*La Mouette*), Maïakovski (*Les Bains*) –, il monte également des pièces du répertoire grec avec notamment un *Électre* très personnel et des œuvres contemporaines : *Mère Courage*, *La Vie de Galilée* de Brecht, *Le Soulier de satin* de Claudel.

Roger Planchon
Roger Planchon (1931-2009) est une figure majeure du Théâtre national populaire, héritier de Jean Vilar. Il a mis en scène Brecht, Molière (*Tartuffe, George Dandin, L'Avare*, dont il interprète lui-même le rôle titre), Shakespeare (*Henri IV, Falstaff*), Calderon (*La vie est un songe*), et des créations d'auteurs contemporains tels Arthur Adamov (*Le Sens de la marche, Paolo Paoli*) et Michel Vinaver (*Par-dessus bord*).

Ariane Mnouchkine
Ariane Mnouchkine (1939-), qui anime depuis 1964 la troupe du Théâtre du Soleil donne une importance particulière aux dimensions visuelles (décors en mouvement) et sonores (bande-son). Ses créations évoquent des problèmes actuels : *Le Dernier Caravansérail* sur la vie quotidienne en Afghanistan et celle des migrants clandestins ; *Les Éphémères*, tranches de vie dans la société d'aujourd'hui, alternant scènes comiques et pathétiques.

mêmes. Ainsi, le premier s'apostrophe lui-même en s'écriant « George Dandin ! vous avez fait une sottise », alors que le second s'interroge et déclare : « je voudrais bien savoir si je suis amoureux » ou se demande à la fin : « Où vais-je donc ? » Figaro, lui, s'adresse plutôt aux autres personnages de la comédie, bien qu'ils ne soient pas à ses côtés. Le début de l'extrait semble destiné à Suzanne à travers l'apostrophe « Ô femme ! », alors que la suite prend directement à partie le Comte ; Figaro interpelle son maître et utilise le pronom « vous » comme si celui-ci était présent : « non, Monsieur le Comte, vous ne l'aurez pas », déclare-t-il. Enfin, Dubois-Dupont s'adresse explicitement, et de façon déroutante, au public. Après s'être présenté, il amorce l'intrigue en ménageant un certain suspense, il suscite l'intérêt du spectateur en annonçant : « Les raisons de ma présence ici sont mystérieuses [...] Mais vous les connaîtrez tout à l'heure. »
Même si cette manière d'interpeller le public est assez surprenante et originale, il est évident que les autres monologues s'adressent également au spectateur. En effet, selon le principe de la double destination théâtrale, toute parole prononcée sur scène est destinée à un personnage mais également au public. De ce fait, George Dandin, Figaro et Perdican s'adressent aussi au public – qui a alors accès aux pensées du personnage – en ayant parfois un destinataire plus spécifique. George Dandin vise par ses propos les paysans, auxquels il s'identifie en parlant de « nous autres », et les nobles dont il est question dans son monologue. De même, Figaro, à travers le Comte, s'adresse particulièrement aux nobles, surtout lorsque ses paroles se font généralisantes : « noblesse, fortune, un rang, des places ; tout cela rend si fier ! ».
Les personnages de ces monologues ont donc différents destinataires.

2. Les quatre monologues du corpus remplissent différentes fonctions.
Ces extraits servent en premier lieu à informer. Les monologues des comédies de Molière et de Tardieu, en particulier, sont situés dans l'exposition, ils informent donc le spectateur sur les personnages et la situation, amorcent l'intrigue à venir et le genre de la pièce. George Dandin apprend au public que, paysan enrichi, il a fait un mariage malheureux : il a épousé une jeune fille de la petite noblesse qui le méprise et considère cette union comme une mésalliance. Le thème et les personnages annoncent la comédie. De même, le monologue de Dubois-Dupont joue un rôle d'exposition. Le personnage décline son identité et sa profession – détective privé – précise le lieu et l'époque de la scène : « un beau soir de printemps [...] dans le manoir du baron de Z... », et annonce une intrigue policière : « il y aura un crime » sur un mode burlesque. Par ses jeux de mots, par sa mise à distance de l'illusion théâtrale, lorsque le personnage souligne les jeux sur le bruitage, le monologue annonce là aussi une comédie.

Pierre Augustin Caron de Beaumarchais par Jean-Marc Nattier, 1755.

Par ailleurs, les monologues servent également à exprimer les sentiments des personnages, à dresser une sorte de bilan et à révéler une tension intérieure. Ainsi, George Dandin fait le constat de son erreur, sa « sottise », et souligne sa souffrance en déclarant : « Ma maison m'est effroyable maintenant [...] ». Surtout, les monologues de Figaro et de Perdican mettent en valeur la grande agitation des personnages : les questions et les exclamations y sont particulièrement nombreuses. Figaro exprime son amertume et sa colère, il est bouleversé à l'idée que Suzanne l'ait trahi et s'indigne de l'attitude du Comte qu'il traite de « perfide ». Il revient également sur sa vie : « Est-il rien de plus bizarre que ma destinée ? » Les propos de Perdican révèlent encore davantage le désarroi du jeune homme : il ne se rappelle plus où il se rend et s'interroge : « Où vais-je donc ? » Son monologue est nettement délibératif, il ne sait pas ce qu'il éprouve pour Camille et se contredit en affirmant tour à tour : « Diable, je l'aime, cela est sûr » puis « il est clair que je ne l'aime pas ». Ces monologues permettent donc aux personnages de se livrer à une introspection.
Enfin, le monologue peut également avoir une dimension critique. C'est le cas, en particulier, de celui de Figaro, qui critique avec une grande vivacité le Comte, il oppose son propre mérite aux privilèges dont le Comte a simplement hérité en affirmant : « Vous vous êtes donné la peine de naître, et rien de plus. »

Shakespeare par Py : la sulfureuse équation

Le metteur en scène passe *Roméo et Juliette* au tamis de son théâtre du débordement et de l'excès. Avec excès.

Il paraît qu'Élizabeth II d'Angleterre déteste que l'on dise : *« On ne fait pas d'Hamlet sans casser des œufs. »* La plaisanterie offusque Sa Majesté, dont on n'ose pas imaginer la tête, si elle entendait la vieille blague sur Shakespeare que ressort Olivier Py : *« Shake a pear »* (« Secouez une poire »). Pour la poire, soyons clair, il ne s'agit pas du fruit, mais de la couille, comme le montre Mercutio en prenant à pleines mains son organe, dans la version de *Roméo et Juliette* présentée par Olivier Py à l'Odéon-Théâtre de l'Europe. Deux jours après la première, mercredi 21 septembre, la blague avait fait le tour de Paris. Il est fort possible qu'elle restera plus que l'ensemble du spectacle, appelé à tourner dans toute la France, et plus loin encore, jusqu'en mai 2012.

Quand Mercutio, l'ami de Roméo, lance la fameuse réplique, il s'adresse à Benvolio, autre ami de Roméo, qui n'a pas encore rencontré Juliette, et se languit d'amour non consommé pour la belle Rosaline : *« Ça lui ferait du bien de secouer sa poire »*, dit donc Mercutio. Avec qui ? Une femme, peut-être. Un homme, tout aussi bien. Sur ce terrain, Olivier Py joue franc-jeu, en reprenant l'antienne de l'homosexualité de et chez Shakespeare. Nous verrons ainsi les jeunes gens se courser et se chevaucher gaillardement : ce sont eux les vrais héros de ce *Roméo et Juliette* qui n'est pas destiné à faire rêver les jeunes filles, ni à activer le mythe de l'amour impossible et immortel des amants de Vérone.

Juliette elle-même, d'ailleurs, n'est pas une vierge frémissante. Olivier Py en fait une jeune femme énergique et sensuelle, qui a envie d'un amant avant de vouloir un mari. À la soirée chez les Capulet, elle danse, lovée contre le corps d'un homme masqué, avant de tourner les yeux vers Roméo, et de tomber sous son charme. Tout au long du spectacle, elle porte une chemise de nuit de satin blanc qui la rend très attirante, et sachant l'être. Roméo, lui non plus, n'est pas un héros romantique. C'est un garçon d'aujourd'hui, volontiers torse nu sous son costume noir, beau, mince et sexy. Il vit dans la compagnie de ses amis et court après une chimère : se débarrasser d'un mal-être existentiel qui le taraude.

Pour Olivier Py, Roméo annonce Hamlet. On en est loin, et ce n'est pas grave, parce que le patron de l'Odéon ne le traite pas sur le fond. Il s'intéresse avant tout à l'énergie énervée qu'il déploie pour griller chaque instant de la vie, dans ce moment bref et essentiel où les garçons deviennent des hommes, savent qu'ils le sont (la poire, toujours), mais ne savent comment s'en dépatouiller. L'amitié masculine est alors pour eux un point central. C'est cela que met en scène ce *Roméo et Juliette* à son meilleur, qui n'hésite pas à côtoyer le moins bon ou le pire : Olivier Py aime le théâtre du débordement et de l'excès. Une fois de plus, il le met en œuvre.

Le débordement vient de l'interprétation. Au moins ne se plaindra-t-on pas de subir le « non-jeu » qui plombe de nombreux spectacles aujourd'hui. À l'Odéon, ça joue, ça se donne, ça bouge et ça s'entend. Les personnages sont taillés, définis, parfois définitifs, jusqu'à la caricature, comme l'est la nourrice (Mireille Herbstmeyer), le seul personnage féminin avec Juliette. Olivier Py fait dire les répliques de Lady Capulet par Quentin Faure, qui tient le rôle de Tybalt, et se met pour l'occasion une mantille noire sur le visage. Puisqu'on vous dit que ce sont les hommes qui règnent ! Plus, même : ils cognent, comme le père de Juliette sur sa fille qui ne veut pas obéir à son désir de la voir épouser Pâris, joué par... Capulet lui-même (inceste, où es-tu ? que fais-tu ?).

Voilà pour l'excès de signes, à la hauteur de celui de l'adaptation, qui navigue entre le style théâtral que maîtrise Olivier Py, et d'inutiles gamineries salaces. La mise en scène est au diapason. On y retrouve les tréteaux avec escaliers chers à l'auteur, le tranché des couleurs – noir, blanc, rouge –, l'énergie débordante de l'amour du plateau. Dans la première partie, ça tient la route, si l'on accepte le mode d'emploi. Dans la seconde, ça pèse lourdement. On a compris, et les cartes sont rebattues. Olivier Py a su trouver deux très bons comédiens pour Roméo et Juliette, Matthieu Dessertine et Camille Cobbi, mais il ne sait pas trouver le chemin de l'émotion, sans quoi la pièce de Shakespeare, même ardemment « secouée », reste lettre morte. On sort donc de l'Odéon, après trois heures trente de représentation, en se disant : à quoi bon ? ■

Brigitte Salino

(25 septembre 2011)

POURQUOI CET ARTICLE ?

Cet article apporte au candidat au bac un exemple actuel des choix de mise en scène qui peuvent bouleverser la vision d'une pièce « archiconnue ». Dans cette critique du *Roméo et Juliette* donné à l'Odéon, en septembre 2011, dans une mise en scène d'Olivier Py, Brigitte Salino montre **comment un grand classique peut être renouvelé par une nouvelle approche du texte et des personnages.** La nouvelle traduction du texte de Shakespeare ne recule pas devant les expressions crues (exemple : « Ça lui ferait du bien de secouer sa poire » lancé par Mercutio). Juliette n'est plus une « vierge frémissante » mais une « jeune femme énergique et sensuelle ». Roméo est un « garçon d'aujourd'hui », animé de la fureur de vivre.

LES ARTICLES DU **Monde**

Au théâtre dans son fauteuil

Quand avons-nous lu une pièce pour la dernière fois ? Voyons voir... Dans bien des cas, cela doit remonter aux années de lycée. Pourtant, même si le texte de théâtre est intimement lié à sa représentation, il se lit aussi. Le spectateur ne s'y fait pas, alors que souvent il est un lecteur, mais il l'est par ailleurs.

Alfred de Musset, qui n'est pas un perdreau de l'année, appelait cela « un spectacle dans un fauteuil ». Après le four de sa *Nuit vénitienne* en 1830, il s'était décidé à dire « adieu à la ménagerie, et pour longtemps », en refusant de laisser porter ses pièces sur les planches. Ainsi, pendant près de vingt ans, il continua à en écrire (*Lorenzaccio, André del Sarto, Les Caprices de Marianne, On ne badine pas avec l'amour*, tout de même), mais pour les publier. Heureux les lecteurs de *La Revue des Deux Mondes*, qui en étaient les principaux destinataires, avant qu'il ne consente à renouer avec la scène, son échec primitif enfin digéré. Si l'on met à part les classiques au programme du bac et des conservatoires, les textes des pièces se vendent peu, et le plus souvent à la sortie des théâtres. On cherche un mot de Guitry, on veut savourer un dialogue de Labiche. Les pièces de rares contemporains (Yasmina Reza, Jean-Michel Ribes, Jean-Claude Grumberg...) franchissent parfois le cap des 8 000 exemplaires ; le plus souvent, la vente ne dépasse pas plusieurs centaines. Mais qu'est-ce qui manque au lecteur que nous sommes pour s'emparer de ces livres (environ 400 titres par an) et, dans un élan naturel, les lire à l'égal des autres ? « Une critique littéraire du texte théâtral qui rende compte de l'écriture, de la langue, du style, de la traduction. » Ce constat de carence est partagé tant par Jean-Pierre Engelbach, qui dirige les Éditions théâtrales, que par Claire David, responsable d'Actes Sud-Papiers, deux des principales maisons spécialisées avec L'Arche et Les Solitaires intempestifs. Le dramaturge Michel Vinaver avait déjà déploré cette absence dans *Le Compte rendu d'Avignon* (Actes Sud), son rapport sur les mille maux dont souffrait l'édition théâtrale. C'était en 1987. Et depuis ? Seul le mensuel *Le Matricule des anges* lui dédie une rubrique régulière. Or rien ne consacrerait mieux le texte théâtral comme un genre littéraire à part entière. C'est le moment ou jamais à une époque qui voit triompher la « lecture-spectacle » : les éditeurs ont constaté que le lectorat s'élargit chaque fois qu'un comédien lit seul sur scène, brochure en main, car le texte est incarné par un lecteur même.

Fabuleuse « Anthologie »

C'était mieux avant ? Air connu, au théâtre comme ailleurs. Pour s'en convaincre, il suffit de se plonger dans la fabuleuse *Anthologie du théâtre français* que le critique et éditeur Philippe Tesson publie en cinq volumes. Un par siècle mais dans le désordre : après le XIXe, et avant le XXe et le Moyen Âge qui fermera la marche dans deux ans, voici ceux qui exaltent le Grand Siècle et les Lumières. Toujours selon la même organisation en trois temps (histoire, textes choisis, mises en scène) et la même confiance en des maîtres d'œuvre libres de constituer leur équipe avec des spécialistes de la période concernée. Cette histoire du théâtre est autant celle de ses performances scéniques que celle de ses lectures. C'est peu dire qu'on y fait des découvertes derrière les grands noms ; le voyage est d'autant plus édifiant que cette archéologie des représentations est enrichie en permanence du regard inédit de metteurs en scène contemporains placé en contrepoint. Seul un passionné tel que Tesson pouvait se lancer dans cette entreprise. Son anthologie, appelée à faire référence, est éditée à l'enseigne de *L'Avant-Scène Théâtre*, sa revue bimensuelle qui, justement, donne à lire des pièces. On y retrouve l'esprit sinon le ton de l'un des plus respectés critiques de théâtre de l'autre siècle, Jacques Lemarchand (1908-1974). Il était des plus suivis, dans les colonnes de *Combat* puis dans celles du *Figaro littéraire*, ainsi que dans les pages de *La Nouvelle Revue française*. Ses articles viennent d'être réunis par Véronique Hoffmann-Martinot sous le titre *Le Nouveau Théâtre, 1947-1968. Un combat au jour le jour* (Gallimard). Ils sont exemplaires par leur tenue, leur humour, leur clairvoyance, leur fidélité. Audiberti, Adamov, Schehadé, Ionesco, Beckett, Duras, Genet, entre autres, lui ont payé leur dette. Lemarchand lisait les pièces et encourageait le spectateur à les lire, quand il n'exhortait pas les directeurs de salle à s'emparer de *La Parodie* et de *L'Invasion* d'Adamov, publiées mais pas jouées. C'était un temps où les musiques étaient commandées à Jean Wiener, Pierre Henry, Maurice Ohana, et les décors à Vieira da Silva, Leonor Fini, Dora Maar, André Masson, Soulages, Matta. Les critiques de Jacques Lemarchand leur rendaient hommage. On les lit comme on assisterait au spectacle. Dans un fauteuil, mais le nôtre.

Pierre Assouline
(29 janvier 2010)

POURQUOI CET ARTICLE ?

En présentant l'*Anthologie du théâtre français*, de Philippe Tesson, Pierre Assouline rappelle que le théâtre **nous donne aussi des textes à lire** et s'interroge sur les conditions qui pourraient favoriser la diffusion de cette branche négligée de la littérature. Rappel très utile pour le candidat au bac, des auteurs aussi importants qu'Alfred de Musset au XIXe siècle et Adamov au XXe, ont publié des pièces sans les faire jouer. Pourtant, le texte théâtral, à la différence du roman, reste un genre peu lu. Pierre Assouline analyse les raisons de cette désaffection, dont la principale est, selon lui, l'absence d'une critique littéraire spécifique qui consacrerait le texte théâtral comme genre littéraire.

ÉCRITURE POÉTIQUE ET QUÊTE DU SENS, DU MOYEN ÂGE À NOS JOURS

Place et fonction du poète au fil des époques

Un poète est un écrivain qui compose de la poésie. Certes, mais au-delà de cette définition standard, le terme de « poète » évoque une manière de voir la vie et de la vivre, une façon d'appréhender le monde qui se marque par une certaine distance avec le « commun des mortels ». Quels rapports le poète a-t-il entretenu avec la société, au fil des époques ?

Les origines

En Grèce, le poète (l' « aède », ou chanteur) est **un artiste qui reçoit l'inspiration et chante les exploits des dieux** (ou des héros, c'est-à-dire des demi-dieux) en s'accompagnant d'une lyre. Le poète latin est lui aussi inspiré des dieux, puisqu'il en est l'interprète. Être désigné, il se distingue du reste des humains par ce « don » qui lui est fait, mais reste profondément un « homme », avec des faiblesses.

Le poète : un être à part

Le terme « poète », utilisé en français, a été formé à partir de la racine grecque « poieïn », qui signifie « faire, créer ». Un poète est donc avant tout un **créateur**, celui qui fait œuvre – mais la matière qu'il travaille est spécifique, puisqu'il s'agit des mots. Il se distingue des autres créateurs pour plusieurs raisons. En effet, le poète est en partie **lié au sacré** (à distinguer du religieux), à une **manière enchantée, spirituelle de voir le monde. Le langage, à la fois outil banal de communication et forme la plus haute de la spécificité humaine,** est son l'instrument. Aussi est-il très proche de chacun d'entre nous, mais nous avons tous l'intuition que les mots, malgré leur utilité dans le quotidien, sont « magiques » : lorsque nous donnons un nom à quelque chose ou à quelqu'un, nous lui donnons en quelque sorte naissance, et nous reconnaissons son existence. Enfin, la capacité qu'a le poète de faire vibrer cette part « non-utile » du langage se traduit également par une forme de **virtuosité**. Il est celui qui fait rimer les mots entre eux, qui fait chanter la phrase selon un rythme : il redonne aux mots leurs sonorités, et leur beauté. Tandis que le langage

Arthur Rimbaud par Étienne Carjat, vers 1872.

ZOOM SUR...

Orphée.

Le mythe

Selon la légende, Apollon aurait fait don d'une lyre à Orphée, et les Muses lui auraient appris à en jouer. Il devient ainsi capable de charmer les animaux, les arbres et les rochers. Il participe d'ailleurs à l'expédition des Argonautes, et son chant parvient à charmer le serpent gardien de la Toison d'Or. Lorsque son épouse Eurydice, voulant échapper aux avances d'un dieu, est mordue par un serpent et meurt, Orphée est inconsolable. Il se rend à l'entrée des Enfers et, grâce à son chant et à sa musique, réussit à attendrir Charon, le passeur, le chien Cerbère, et Hadès qui permet à Orphée de ramener Eurydice à la vie, à une condition : il ne doit pas se retourner vers elle avant d'avoir revu la lumière du jour. Mais Orphée ne parvient pas à respecter cette condition : juste avant d'arriver à la lumière, il se retourne – et perd définitivement Eurydice.

Orphée donne ainsi une image double de la figure du poète : il est celui qui reçoit un don, et qui est proche des dieux, en même temps celui qui est profondément homme. Il permet également de mettre l'accent sur une fonction fondamentale du poète, celle de l'enchanteur grâce à la puissance du lyrisme et aux liens qui unissent poésie et musique.

La permanence du mythe

- Ovide : *Les Métamorphoses* (Livres X et XI – texte de référence).
- Apollinaire : *Le Bestiaire ou cortège d'Orphée*, 1911. Chaque poème dresse un portrait plein d'esprit d'un animal.
- Jean Cocteau : *Orphée* en 1950 et *Le Testament d'Orphée* en 1960. Le mythe y est transposé dans le monde contemporain.
- Marcel Camus : *Orfeu Negro* (1959). Le mythe est transposé de Thrace à Rio de Janeiro lors du carnaval.
- Marguerite Yourcenar : *La Nouvelle Eurydice* (1931). Roman privilégiant la figure d'Eurydice.
- Jean Anouilh : *Eurydice* (1942). L'héroïne est actrice dans une troupe de comédiens.

Pierre de Ronsard par l'école de Blois, XVIe siècle.

courant confond le mot et la chose, **le langage poétique fait retrouver aux mots les plus banals leur « image sonore »**.

Le poète et le citoyen

Le poète occupe une place spécifique dans la société. Artiste, c'est **un homme « inutile »** : dont l'œuvre n'apporte rien de matériellement nécessaire à la société. Et en même temps, c'est **un homme nécessaire**, son œuvre parle au cœur et aux sens, elle apporte un enrichissement émotionnel ou spirituel. C'est cette ambivalence qui explique les différentes fonctions que le poète a pu se voir attribuer, ou qu'il a pu revendiquer lui-même.

Le poète prend en charge l'histoire d'un peuple, ou les grands événements qui l'ont marquée, et il les porte par sa voix. Il les fait résonner, les magnifie grâce à l'ornement poétique, et les transmet : la poésie appartient alors au **registre épique** (Ronsard, *La Franciade*).

DEUX ARTICLES DU *MONDE* À CONSULTER

- **La flamme du slam** p. 43-44
(Stéphane Davet, 1er octobre 2006)

- **Le cercle des poétesses de Kaboul** p. 44-45
(Frédéric Bobin, 18 septembre 2011)

À l'inverse, il joue également un autre rôle qui lui fait dire les mouvements les plus intimes du cœur. Dans ce cas, le poète n'est plus l'interprète d'un groupe : il cherche par son **lyrisme** à **exprimer les sentiments et émotions qui l'étreignent** (Ronsard, *Sonnets pour Hélène*).

Il se fait ainsi proche de chacun : le lyrisme de l'auteur renvoie le lecteur à ses propres expériences et sensations. Les **Romantiques** ont particulièrement revendiqué cette facette de la poésie.

Mais si le poète est proche de chacun lorsqu'il exprime ainsi ses émotions, il est en même temps différent des autres parce qu'il cherche à traduire ce qu'il éprouve et transforme des expériences vécues en mots capables d'aller vers les autres. Il a donc **une sensibilité exacerbée d'une part et, d'autre part, le désir d'aller vers l'art**. La fonction du poète peut alors devenir une **fonction « éclairante »**. Par son attention aux objets ou aux êtres, il nous révèle le quotidien sous un autre jour. Ainsi, à la fin du XIXe siècle, Rimbaud se définit comme un « voyant ». Partant du mot, de sa polysémie et de ses sonorités, il cherche à dire, dans sa poésie, la multiplicité du monde que notre langage quotidien tend à nier. Tandis que le langage commun rejette la complexité et le mystère, **le langage poétique doit aller vers l'inconnu, rechercher l'inédit afin d'élargir la pensée et la faire naître, telle est l'ambition des poètes symbolistes.**

Le poète acquiert ainsi le statut **de celui qui dit une vérité non-soupçonnée**. La vérité poétique n'est pas une vérité scientifique, elle est un voile qui se lève, une découverte – parfois autour d'un élément qui semblait pourtant très familier. « Voilà pourquoi/ Je dis la vérité sans la dire » (Paul Éluard, « L'Habitude », *Capitale de la douleur*, 1926.)

Enfin le poète est celui qui, par les mots, essaie d'**entrevoir le monde autrement**. Il peut aussi être celui qui guide ses lecteurs (et plus généralement la société) vers des idées ou un engagement. La poésie a alors **une fonction politique** : « Je serai, sous le sac de cendre qui me couvre, La voix qui dit : malheur ! La bouche qui dit : non ! » (Victor Hugo, « Ultima Verba », *Les Châtiments*, 1853.) ; « Et c'est assez pour le poète d'être la mauvaise conscience de son temps » (Saint John Perse, discours de Stockholm, prononcé lors de la remise du prix Nobel, en décembre 1960) ; « La poésie est une insurrection » (Pablo Neruda, *J'avoue que j'ai vécu*, 1987.).

Conclusion

Le poète joue donc des rôles non seulement variables, mais surtout antithétiques en apparence : dans et avec la société lorsqu'il est porteur de sa mémoire et de son histoire ; exilé de cette société par une sensibilité personnelle ; proche de chacun à travers le lyrisme ; ou encore « à l'avant » de la société, comme la proue d'un navire, quand il cherche à entrevoir ce qui n'est pas encore. ■

ZOOM SUR...

Mallarmé et le symbolisme.

« Nommer un objet, c'est supprimer les trois quarts de la jouissance du poète qui est faite du bonheur de deviner peu à peu ; le suggérer, voilà le rêve. C'est le parfait usage de ce mystère qui constitue le symbole : évoquer petit à petit un objet pour montrer un état d'âme, ou, inversement, choisir un objet et en dégager un état d'âme par une série de déchiffrements. » (Mallarmé, réponse à l'enquête de Jules Huret sur l'évolution littéraire.)

L'œuvre de Mallarmé se compose de nombreux poèmes, appréciés de son vivant par un cercle restreint de connaisseurs. Parmi les membres de la jeune école symboliste, fascinés par la profondeur de ses propos sur la poésie et la musique et qui viennent l'écouter chez lui, on retrouve Paul Claudel et Paul Valéry.

CHRONOLOGIE

Des œuvres littéraires symbolistes

1873 *Une saison en enfer*, Arthur Rimbaud (poésie)

1874 *Romances sans paroles*, Paul Verlaine (poésie)

1876 *L'Après-midi d'un Faune*, Mallarmé (poésie)

1883 *Contes cruels*, Villiers de l'Isle-Adam (roman)

1885 *Les Complaintes*, Jules Laforgue (poésie)

1886 *Les Illuminations*, Arthur Rimbaud (poésie)

1887 *Poésies*, Stéphane Mallarmé

1889 *Tête d'or*, Paul Claudel (théâtre)

1891 *Cœur double*, Marcel Schwob (roman)

1892 *Pelléas et Mélisande*, Maurice Maeterlinck (théâtre)

1897 *Un coup de dés jamais n'abolira le hasard*, Stéphane Mallarmé (poésie)

REPÈRES

Quelques œuvres essentielles.

Poésie « engagée »

• *Les Tragiques* (1616-1630), Agrippa d'Aubigné : poète humaniste, protestant engagé, dénonce les horreurs de la guerre civile.

• *Les Châtiments,* (1853), Victor Hugo : poésie de combat contre Napoléon III.

• *Poésie et vérité* (1942), Paul Éluard : grand recueil de poésie de la Résistance pendant l'occupation (1942), s'ouvrant sur « Liberté » (« ...J'écris ton nom »).

Poésie « objective »

• *De l'angélus de l'aube à l'angélus du soi* (1897), Francis Jammes : le monde de la campagne restitué en vers libres par un « poète paysan ».

• *Le parti-pris des choses* (1942), Francis Ponge : l'objet devient « objeu », le poète disparaît devant la plénitude des choses.

Poésie « pure »

• *Émaux et camées* (1852), Théophile Gautier : adepte de « l'Art pour l'Art ».

• *Les Trophées* (1893), José Maria de Heredia : galerie de tableaux parnassienne.

Recueils lyriques

• *Les Méditations poétiques* (1820), Alphonse de Lamartine : premier grand recueil lyrique romantique.

• *Les Regrets* (1858), Joachim Du Bellay : recueil de sonnets exprimant la déception devant les mœurs romaines et la nostalgie du pays natal.

CITATIONS

• « Ah ! frappe-toi le cœur, c'est là qu'est le génie ! » (Alfred de Musset)

• « Entrez en vous-même / Sondez les profondeurs où votre vie prend sa source. (Rainer Maria Rilke, *Lettre à un jeune poète*, 1929.)

• « La poésie est un moyen de connaissance, un moyen d'apprendre le monde. » (Eugène Guillevic)

• « la poésie dévoile [...] les choses surprenantes qui nous environnent et que nos sens enregistraient machinalement. » (Jean Cocteau)

Dissertation : On associe souvent poésie et lyrisme. La poésie consiste-t-elle seulement pour les poètes à exprimer leurs sentiments personnels ?

L'analyse du sujet

Le sujet part du constat suivant : la poésie, genre littéraire, est souvent associée au registre lyrique. L'interrogation qui suit met en question ce constat, définissant le lyrisme comme l'expression des sentiments personnels. L'adverbe « seulement » implique que le constat général est valide mais qu'il faut en cerner les limites. Le plan dialectique canonique est donc bien adapté à la problématique.

La problématique

Le rôle de la poésie est-il exclusivement d'être le miroir des sentiments du poète ? Le moi du poète habite-t-il nécessairement l'écriture poétique ? Ne peut-il exister une poésie détachée de son auteur, qui se donne pour but d'explorer le réel ?

Le plan détaillé du développement

I. La poésie, territoire privilégié de l'expression du moi

a) Le sentiment personnel comme source d'inspiration

Mieux que toute autre forme littéraire ou artistique, la poésie permet d'exprimer la part intime de soi. On peut ainsi se référer à de nombreux recueils ou poèmes se rapportant à l'expression des sentiments personnels, à des expériences vécues. Par exemple, dans *Les Regrets*, Du Bellay évoque l'expérience décevante de son séjour à Rome (le poème « Heureux qui comme Ulysse » traduit sa nostalgie du pays natal). *Les Contemplations* (Victor Hugo) : poèmes exprimant la douleur du poète à la mort de sa fille.

b) L'écriture poétique, « lyre » accordée à l'expression des sentiments.

L'écriture poétique est comme une lyre pour l'épanchement du moi. Les contraintes métriques et formelles sont le moyen de dire avec intensité des sentiments parfois difficilement exprimables.

II. La poésie, lieu d'exploration du réel

a) La poésie comme miroir du réel

Certains poètes s'attachent davantage à « réfléchir » le monde (à la fois à le refléter et à le penser). Dans *Le Parti pris des choses*, Ponge porte un regard nouveau sur les objets de notre environnement quotidien, tels que « le pain », « le cageot », etc. Claude Roy, dans *La France de profil*, tente de saisir le monde sous des angles nouveaux dans des textes accompagnés de photographies (« La fenêtre fermée n'en réfléchit pas moins/ Le monde qu'elle tient à l'écart d'elle-même »).

Transition : Mais quand ce monde transpire l'injustice ou la violence, cette voix peut aussi devenir cri de révolte et parole engagée.

b) La poésie comme arme de combat

Le genre poétique peut être une arme de combat, une écriture de l'engagement. Ex. : *Les Tragiques* d'Agrippa d'Aubigné contre le fanatisme religieux ; *La Diane française* d'Aragon (la diane est à la fois la musique militaire destinée à réveiller les soldats et une référence à la déesse grecque de la chasse).

III. La poésie, du sentiment à l'universalité

a) L'expression sublimée de l'expérience personnelle

L'écriture lyrique peut métamorphoser l'expérience personnelle pour l'ouvrir sur le monde. Ex. : Baudelaire, décrivant son « Spleen » dépasse le narcissisme, et communique une expérience.

b) Le lyrisme réinventé

Milieu du XIXe siècle : les Parnassiens remettent complètement en cause le moi lyrique, au profit d'une recherche du Beau dans l'impersonnel. La poésie devient une forme pure, un objet sculptural qui n'a d'autre but que lui-même. Ex. : la poésie contemporaine fait preuve de fantaisie verbale et explore le langage dans *L'accent grave et l'accent aigu* (Jean Tardieu). Apparence de jeux autour de la conjugaison et de la forme interrogative où transparaît l'angoisse du poète derrière les questions : « Est-ce que nous allons partir ?/ Est-ce que nous allons rester ? ».

Transition : Dès lors, le lyrisme, quoique déguisé, devient non plus expression conventionnelle des sentiments, mais un véritable dialogue, presque métaphysique, amorcé avec le lecteur.

Conclusion

Il est donc fondé de penser que le lyrisme est un registre majeur, voire fondateur du genre poétique. Il serait cependant erroné de réduire celui-ci à la seule expression d'une sensibilité et d'une subjectivité. Le poète, homme dans le monde, cherche aussi à habiter le monde par l'écriture, tentant parfois, par les mots, d'en alléger les maux. Les poètes ont su dépasser cette stérile dichotomie impliquée par le sujet : beaucoup ont su donner à leur sensibilité une dimension universelle ; beaucoup ont su mêler leur voix intérieure à la réalité du monde. Beaucoup, enfin, ont tenté de masquer la force émotionnelle de leur « je » par le « jeu », tant il est vrai que la poésie doit donner à entendre une conscience : conscience d'une âme ou conscience du monde. ■

Ce qu'il ne faut pas faire

Restreindre la notion de lyrisme à l'expression du sentiment amoureux.

SUJET TOMBÉ AU BAC SUR CE THÈME

Dissertation

– Est-il juste de dire que la poésie permet d'échapper aux espaces qui emprisonnent ? (Sujet national, 2010, séries ES, S)

La flamme du slam

Héritiers branchés des troubadours et des griots, les slameurs se réunissent pour déclamer leurs textes en public. Leur chef de file, Grand Corps Malade, est en concert à Paris jusqu'au 14 octobre.

Sur le principe « un texte dit, un verre offert », une trentaine de personnes se sont inscrites pour participer à la session « Slam'Aleikoum »qui a lieu, ce soir de septembre, à la MJC de Saint-Denis-Basilique, baptisée Ligne 13. Règle immuable, l'entrée est gratuite. Tous applaudis à l'entrée comme à la sortie de scène par une salle pleine à craquer, certains tiennent des feuilles à la main, d'autres comptent sur leur mémoire. Un cadre bien mis s'emberlificote dans ses mots savants ; un jeune beur rappe la noirceur de sa cité ; une quadra blonde rend hommage à une femme africaine ; Rahman, un rasta déluré, met le feu en scandant un reggae coquin ; Chantal, la soixantaine, s'étrangle en parlant de son mari défunt ; Saroya s'applique : « Quand le soleil s'endort/ Je retire une plume de son oreiller/ Et je me couche sur le papier. »

Rares sont les endroits qui comme les soirées slam (de l'anglais *to slam* : claquer) rassemblent autant de tranches d'âge, d'origines ethniques et sociales. Au café culturel (Saint-Denis), à la Guinguette-Pirate (Paris), au Poulpason (Marseille) et dans des dizaines d'autres lieux en France, la vague des slameurs grossit. Tchatcheurs bobos ou tribuns des quartiers chauds, gamines intimidées ou vieux renards des mots, tous sont animés par leur envie d'écouter et de dire – ou plutôt de slamer, de déclamer en public, *a cappella* et plus ou moins en rythme, leurs textes et poèmes.

Rares sont aussi les formes d'expression artistique où l'on voit une vedette du disque animer bénévolement des soirées, comme le fait régulièrement, lors des sessions Slam'Aleikoum, Fabien Marsaud, *alias* Grand Corps Malade. En humble maître de cérémonie, cette grande silhouette appuyée sur une béquille présente chaque aspirant poète. Il évite de surenchérir sur les vedettes du genre, mais demande à la salle d'encourager les baptêmes du feu.

Avec 300 000 exemplaires vendus de son premier album, *Midi 20*, Grand Corps Malade – en concert au Bataclan, à Paris, du 3 au 14 octobre –, est devenu l'ambassadeur de choc du mouvement. Plus que la mise en musique de ses textes, c'est l'impressionnante résonance de sa voix de basse et de ses vers qui ont provoqué ce succès surprise et donné envie à beaucoup de fréquenter les slam sessions.

Observateur minutieux et drôle de sa banlieue (« J'voudrais faire un slam pour une grande dame que j'connais depuis tout petit (...)/ J'voudrais faire un slam pour cette banlieue nord de Paname qu'on appelle Saint-Denis ») et de sa propre histoire (un accident l'a laissé à moitié paralysé), Grand Corps Malade sait tout ce qu'il doit à ces scènes ouvertes.

« J'écrivais des textes, plutôt proches du rap, mais je n'avais pas l'idée de les partager, se souvient-il. J'ai assisté à quelques soirées au café culturel, mais c'est dans un bar, à Paris, en 2003, que j'ai osé dire un de mes textes pour la première fois. Tout d'un coup, l'idée de poésie devenait accessible dans cet esprit de convivialité. »

Le slam s'inscrit dans une généalogie multiple et immémoriale : du poète antique au griot africain, du troubadour occitan au repentiste du Nordeste brésilien, en passant par les chansonniers français du XIXe siècle, les écrivains de la *beat generation*, ou les précurseurs très politisés du rap américain - Last Pœts ou Gil Scott-Heron.

Le concept de slam apparaît à Chicago dans les années 1980, quand un jeune écrivain, Marc Smith, organise et baptise ainsi des compétitions de poésie orale arbitrées par le public. L'idée connaît le succès, en particulier à New York, au début des années 1990, enrichie par l'apport de plumes venues du hip-hop. En France, des pionniers comme Pilote le Hot et Nada posent les bases d'une scène parisienne (notamment au Club Club de Pigalle), vers 1995, en retranscrivant la notion de compétition chère aux Américains. On observe alors une première effervescence, mais c'est surtout à partir de 1998 et de la diffusion du film *Slam*, de l'Américain Marc Levin, interprété par Saul Williams, une vedette du genre, que naissent des vocations qui évacueront de plus en plus la notion de concours.

« En sortant du cinéma, je suis entré directement dans un café pour demander à faire une soirée slam », se souvient Frédéric Nevchehirlian, organisateur des soirées Slam-poésie, à Marseille, et slameur lui-même au sein du groupe Vibrion. « Je n'étais pas intéressé par le côté sportif du genre. Je ressentais le slam comme une nécessité. »

Quelle urgence pousse ainsi un public toujours plus nombreux à venir écouter et s'exprimer dans ces soirées ? « Dans une société de plus en plus régie par des moyens

POURQUOI CET ARTICLE ?

Le candidat au bac trouvera dans cet article un historique et une analyse du phénomène « slam ». À l'occasion d'une soirée slam donnée en septembre 2006 à Saint-Denis, Stéphane Davet revient sur **cette pratique artistique aux frontières entre poésie, chanson et spectacle participatif**. « Héritiers branchés des troubadours et des griots, les slameurs se réunissent pour déclamer leurs textes en public. » Le concept est né à Chicago au début des années 1980, lancé par le jeune écrivain Marc Smith, sous la forme de compétitions de poésie orale. Le succès de ces soirées de poésie populaire gagne New York en 1990 et la France vers 1995. Stéphane Davet propose une analyse des raisons du succès de cette nouvelle pratique qui donnera au candidat des éléments de réflexion sur « la place et la fonction du poète au fil des époques ». Il place au premier rang le besoin de partage de la parole contre la fausse communication à grande vitesse qui caractérise la société actuelle. Il souligne également la fonction cathartique de ces textes dits en public par leurs auteurs, dont les premiers étaient d'anciens toxicomanes, des ex-détenus. L'article permet aussi de bien situer les textes de slam par rapport à ceux du rap, dont ils n'ont ni le support musical ni l'agressivité.

de communication désincarnés et par la vitesse, analyse Grand Corps Malade, les gens trouvent là l'occasion de se poser pour partager un vrai accès à la parole. »

Croisé à la Guinguette-Pirate, lors d'une des sessions organisées par Tsunami, un étudiant d'origine coréenne, qui a pris le pseudonyme de Bissao, explique que, pour lui, « le slam est le seul art qui offre la possibilité de découvrir des gens que l'on ne fréquenterait pas autrement ». À 20 ans, Katel, étudiant en journalisme d'origine camerounaise, présente des textes qui veulent se jouer des idées reçues : « Le slam est pour moi une façon citoyenne d'aborder la vie et des thèmes dont ne parlent pas les journaux. »

Félix Jousserand, *alias* Félix J., figure du slam parisien, officiant entre autres au sein du groupe Spoke Orkestra, croit à la simplicité de cette forme : « Le slam est tellement dénudé, qu'il dégage forcément de la sincérité, même si elle est parfois naïve. En t'autorisant à prendre la parole, tu amènes une cassure dans un univers où tous les discours sont codés, déconnectés des choses. »

Retraitée de l'Éducation nationale, George est entrée sur scène, pieds nus, en s'exclamant « Slam, slam, ça résonne dans ma tête ! ». Elle s'enthousiasme. « Je viens de la poésie traditionnelle, trop souvent snob et mortifère. Le slam, au contraire, c'est le rythme, la vie. En tant que militante communiste, je retrouve ici un peu d'idéal égalitaire et fraternel. »

Pour certains, les mots font office de bouée de sauvetage. Ce n'est sans doute pas un hasard si plusieurs des pionniers français du slam étaient d'anciens toxicomanes. Brillant improvisateur, fréquentant les milieux du jazz comme de la chanson alternative, Dgiz se définit comme « poète troubadour citoyen ». Grandi dans une cité de Gennevilliers, il a découvert la puissance du verbe en prison, où il a écrit ses premiers textes – « C'était ma façon de crier mes envies de liberté. » D'abord tenté par le rap, il a vécu le slam comme une révélation. « En 2001, j'ai pris une claque. J'ai aimé la gratuité, l'échange de l'écoute, une poésie de proximité. »

Autres bretteurs de la langue, les rappeurs trouvent souvent dans le slam matière à se ressourcer. Dans son nouvel album, *Gibraltar*, le rappeur strasbourgeois Abd Al-Malik a, par exemple, enrichi la dimension poétique de ses textes en passant clairement des scansions rap à une déclamation plus douce, caractéristique de nombreux slameurs. « Le rap est trop souvent prisonnier de l'agressivité de ses clichés et des impératifs commerciaux, estime Abd Al-Malik, le slam valorise la spiritualité des textes. »

Il n'en garantit pas pour autant la qualité. Le flot des rimes charrie son lot de déchets. « Le défaut le plus courant du slameur ?, s'interroge Frédéric Nevchehirlian. La démagogie, une façon trop consensuelle de dénoncer les malheurs du monde. » « L'intérêt est souvent plus humain qu'artistique », souligne Félix Jousserand. Mais ces soirées produisent aussi leur élite, des individualités ou des collectifs (129H, Urgence poétique, Bouchazoreill'...) qui finissent par aspirer à d'autres aventures que la pure convivialité des scènes ouvertes. À l'instar de Grand Corps Malade, beaucoup tentent la mise en musique de leurs textes, enregistrent des disques, donnent des concerts (Vibrion, Dgiz, Souleymane Diamanka, Spoke Orchestra, D'de Kabbal, le projet Dum Dum de Félix J.).

D'autres se rapprochent du théâtre, comme la compagnie Uppercut. Nombreux sont ceux qui, comme Frédéric Nevchehirlian, assument l'ensemble des mutations du slam, tout en privilégiant d'abord leur lien à l'écriture. « Je veux être écrivain, poète, et en même temps être dans le peuple. Le slam permet cette utopie. »

Autre point commun de la plupart de ces activistes, une volonté pédagogique de faire partager leur amour des mots en animant des ateliers d'écriture. Grand Corps Malade intervient, par exemple, à la maison des adolescents de l'hôpital de Bobigny (Seine-Saint-Denis). Félix Jousserand initie des jeunes de quartiers sensibles : « J'essaie de leur expliquer que l'arme la plus tranchante est de savoir convaincre. »

Tsunami a travaillé en maison d'arrêt. Depuis les émeutes de banlieue, en 2005, il constate que les slameurs sont souvent contactés par les mairies pour retisser du lien social. « J'explique aux gamins que je suis poète, pas flic, vigile ou psy. Je ne suis pas là pour leur dire : « Il ne faut pas casser », mais pour leur faire comprendre que sous la forme d'un texte, d'un poème, on peut balancer ce qu'on a sur le cœur. » ■

Stéphane Davet
(1er octobre 2006)

Le cercle des poétesses de Kaboul

Depuis deux ans, des Afghanes se réunissent pour lire leurs poèmes et en discuter. Une prise de parole pas toujours du goût de leur entourage, au point que certaines usent de stratagèmes pour assouvir leur soif de poésie.

C'est une supplique tourmentée. *« Rappelle-moi le chant du cœur meurtri. »* La petite assistance a les yeux rivés sur Farahnaz. La jeune poétesse pachtoune, visage clair encadré d'un hidjab sombre, se tient debout, un feuillet entre les doigts. Elle continue à déclamer : *« Rappelle-moi les douleurs de l'amour. Blesse-moi avec la lame de tes yeux noirs. Fais couler le sang de mon cœur. »*

Des sacs à main sont posés sur la table autour de laquelle s'agrège la petite assemblée. Au fond de la salle se dressent des étagères emplies d'ouvrages. Et Farahnaz poursuit la lecture de ses vers acides et brûlants. Jusqu'à l'imploration finale : *« Nous sommes pachtounes et nous nous aimons, alors, sois prêt à affronter la mort et la prison. »* Un lourd silence, un brin gêné. Puis les autres membres du groupe – une dizaine de femmes – applaudissent avec chaleur.

Ce samedi-là, le cercle des poétesses de Kaboul tient sa réunion hebdomadaire. Iley Ahadi dirige la séance, distribuant la parole, animant la discussion collective qui suit rituellement chaque lecture. Son hidjab rose, affriolant, tranche avec le noir des châles autour d'elle. La voilà qui arbitre une âpre controverse : pourquoi avoir utilisé un mot dari (persan d'Afghanistan) là où un mot pachto aurait suffi ? Puis chacune commente les thèmes évoqués : l'amour bien sûr – éthéré et contrarié – l'ode à la mère, la prière à Dieu, l'indignation patriotique, la dénonciation de la fausse modernité, la critique de la violence faite aux femmes, le désir de liberté...

La belle histoire que celle de cette petite société d'amoureuses de la poésie de langue pachto. À l'heure où l'Afghanistan s'enfonce dans une guerre sans issue apparente, et dresse un bilan désenchanté de dix ans de « reconstruction » sous

POURQUOI CET ARTICLE ?

Frédéric Bobin évoque les réunions du cercle des poétesses de Kaboul. En Afghanistan, les poétesses affrontent de multiples obstacles : être femme dans un pays encore marqué par le fanatisme taliban, vouloir s'exprimer dans une société qui leur refuse la parole, se déplacer pour se réunir, s'exposer aux regards, voire se tasser dans des transports publics où dominent les hommes. D'où les stratagèmes déployés par les poétesses : emprunt d'une identité masculine dans l'expression des sentiments, pseudonymes masculins, participation aux réunions par téléphone. Cet article permettra au candidat au bac de comprendre **à quel point la poésie, dans un tel contexte, répond à un besoin vital**, en lui proposant un exemple très significatif et actuel de « la place et la fonction » du poète dans la société.

les auspices de la communauté internationale, l'expérience en dit long sur cette parole de femmes, pugnace mais précaire, qui n'en finit pas de quêter sa voie. L'atelier poétique a maintenant deux ans d'existence. Après avoir été hébergé dans le Centre culturel français de Kaboul, il a migré dans la bibliothèque du ministère de l'éducation nationale, vaste complexe administratif bordant un axe embouteillé de la capitale.

Un club de poétesses au cœur de la cité donc. L'aventure reflète l'Afghanistan d'aujourd'hui, la soif d'émancipation de sa jeunesse, la prégnance de traditions difficiles à bousculer.

Dans le Kaboul des années 2005-2006, période d'ébullition créatrice où la désillusion n'avait pas encore assombri les esprits, des groupes de férus de littérature émergent. De jeunes filles s'y joignent mais leur présence demeure marginale. Les parrains du mouvement ne tardent pas à saisir la raison de cette difficile mixité : en ces forums où la langue se libère, notamment dans l'expression des émois amoureux, les filles sont tétanisées de malaise, culture traditionnelle de la pudeur oblige.

« Quand les jeunes femmes entendaient certains poèmes de garçons, coquins et osés, elles trouvaient cela presque insupportable », raconte Najib Manalaï, l'un des inspirateurs de la scène littéraire kaboulie. Seule la formation d'un cercle proprement féminin pouvait permettre de surmonter l'obstacle. Entre femmes, l'embarras s'est dissipé. Les candidates ont afflué. Affranchissement paradoxal que cette poésie séparée des sexes.

Touba Neda est l'une des plus hardies du cénacle. Châle cerise d'où réchappe une mèche de jais, yeux noirs ardents, joues généreuses, elle tient un stylo entre le pouce et l'index. Au mur s'étale une photo d'ambulance. La jeune femme reçoit au siège de l'organisation non gouvernementale (ONG) où elle travaille, bâtisse cernée de hauts murs et nichée dans l'une des ruelles cabossées de Kaboul.

À entendre Touba Neda parler de sa voix assurée, résolue, émaillée de saillies d'humour, on comprend qu'on a affaire à un bloc de ferveur. La poésie est sa passion, et nul ne l'en détournera. Père employé de banque, mère enseignante, elle fait partie cette classe moyenne éclairée de Kaboul où l'on a les idées larges.

Sa première œuvre a déjà fait quelques vagues. Il s'agissait d'un roman où elle campait une jeune femme en conflit avec son mari à l'époque du régime taliban (1996-2001). L'héroïne se rebelle car elle veut terminer ses études de médecine, tandis que son époux – un taliban – la somme de rester à la maison. Elle finit par sombrer dans la folie, son mari la répudie, mais – happy end ! – un gentil médecin psychiatre la sauve en lui rouvrant les portes de l'amour. *« J'y ai mis tout ce j'avais sur le cœur, dit-elle. J'aime l'islam, ma religion, je suis pour un gouvernement islamique, mais pas un régime de type taliban. L'islam et les talibans, c'est différent. »*

Depuis la parution du livre, Touba Neda est indésirable dans son district d'origine – Tagab (province de Kapisa) – où la rébellion talibane est très implantée. *« Un cousin m'a appelée pour me dire que les talibans n'avaient pas apprécié*, raconte-t-elle. *Mais je n'ai pas peur, je continuerai à écrire ce que je veux. »* La poésie désormais absorbe l'essentiel de son effort de création. On lui demande de lire l'un de ses poèmes. Elle hésite, sourit, puis récite de mémoire un petit texte intitulé *Le Peintre* : *« Je rêve d'être un peintre/ Pour dessiner la beauté de tes yeux... »*

Toutes les poétesses du cercle n'ont pas le privilège de Touba Neda, sa personnalité de roc, ses parents compréhensifs. Pour la plupart d'entre elles, l'affaire est toujours compliquée, élan bridé par les pesanteurs sociales. En général, les familles ne goûtent guère les activités poétiques de leurs filles. Assister à une réunion n'est jamais anodin. Il faut sortir en ville, s'exposer aux regards, voire se tasser dans des transports publics où dominent les hommes.

Dans une société afghane ultraconservatrice, notamment au sein de la communauté pachtoune, pareille traversée de l'espace social pose problème. Pour les provinciales, le handicap est rédhibitoire. Pourtant, l'enthousiasme est là, vibrant, irrépressible. Alors, on use d'expédients. Ce samedi-là, la présidente de séance, Iley Ahadi, brandit un téléphone portable et appuie sur la touche haut-parleur. Une voix grésille, lointaine, fluette, et se met à déclamer. C'est une poétesse du Wardak, province située à l'est de Kaboul, qui lit son poème au téléphone. Ses parents lui avaient interdit de se rendre à Kaboul, capitale suspecte.

Au-delà, il y a surtout la méfiance visant la passion poétique elle-même, abandon de l'âme et vertige du cœur qui sentent le soufre. *« La poésie est forcément associée à l'amour dans l'esprit des familles*, explique Touba Neda. *À leurs yeux, écrire un poème, c'est forcément être amoureuse. Et cela doit être contrôlé. »* De là éclatent des drames.

Ainsi l'histoire de cette jeune fille de la province de Ghazni qui, interdite de poésie par sa mère, s'est immolée par le feu de désespoir. Une autre tragédie a défrayé la chronique. En 2005, Nadia Andjoman, poétesse persanophone d'Herat, ville située non loin de la frontière avec l'Iran, succombait aux coups infligés par son mari. L'assaut avait été causé, semble-t-il, par les activités littéraires de Nadia Andjoman dont l'œuvre lui avait valu un début de notoriété. Dans l'un de ses poèmes, elle écrivait : *« Des filles, porteuses de douleur, Corps désolés,/ Avec la joie qui a migré de leurs visages/ Avec des cœurs vieillis, pleins de crevasses ! (...)/ Ô Seigneur !/ Serait-il que leur cri sourd/ Parvienne jusqu'aux nuages ? »*

Face à l'adversité, les femmes ont rodé la parade. Subterfuge courant, elles feindront d'exprimer des sentiments masculins. *« Si une poétesse célèbre la beauté féminine, les familles seront moins choquées que si elle exalte la beauté masculine »*, explique Najib Manalaï. Les lecteurs avisés, eux, sauront décoder et capter le message caché. Un autre détournement consiste à user carrément d'un pseudonyme masculin, sauf-conduit de la liberté de ton. Ainsi, sous la signature de poètes en Afghanistan se camouflent en fait des poétesses. *« Les gens pensent que seuls les hommes peuvent exprimer leurs sentiments tandis que les femmes doivent rester silencieuses »*, grince Touba Neda. *« Cela est très dommage, les femmes devraient être fières de leur poésie »*, enchérit Sahena Sharif, professeur de littérature à l'université de Kaboul et l'une des marraines du Cercle des poétesses de la capitale.

Afin d'inciter les femmes à sortir de l'ombre, un célèbre poète afghan, Golpacha Olfat (1909-1978) avait jadis recouru au biais inverse. Il avait signé l'un de ses poèmes – *La Complainte des femmes* – d'un nom féminin, désireux de créer un précédent. On pouvait y lire : *« À qui puis-je me plaindre, où puis-je pleurer ? La tradition ne me laisse pas dire la vérité. Combien de temps demeurerai-je dans l'obscurité de l'ignorance ? »*

Quelques décennies plus tard, de jeunes filles audacieuses s'affichent enfin. Devant ses copines du cercle des poétesses de Kaboul, Farahnaz peut entonner le *« chant du cœur meurtri »*. Une petite conquête, fût-elle ténue, fragile. ■

Frédéric Bobin

(18 septembre 2011)

Versification et formes poétiques

Le vers s'oppose, par définition, à la prose. On s'en sert lorsque le langage quotidien n'est pas suffisant pour s'exprimer, notamment dans un contexte religieux, mais aussi pour évoquer tout ce qui ne relève pas de la conversation ordinaire. On trouve ainsi, de l'Antiquité au XVIIIe siècle, des traités de physique ou de philosophie écrits en vers. La poésie, étant elle aussi, un discours « autre », a souvent recours au vers. Il faut donc savoir en reconnaître les spécificités.

Éléments de versification

La versification française est **héritée de la versification latine**, mais, en français, le décompte (la base de la versification) prend la syllabe pour unité.

Il existe **différents types de vers**. Les plus courants sont « **pairs** », c'est-à-dire qu'ils sont formés d'un nombre pair de syllabes (six syllabes = hexasyllabe ; huit = octosyllabe ; dix = décasyllabe ; douze = alexandrin). Toutefois, certains poètes, comme Verlaine, emploient des vers impairs (cinq syllabes = pentasyllabe ; sept = heptasyllabe).

Pour **compter correctement les syllabes** (scansion), il faut tenir compte de la règle dite des **e muets** :
– on compte le *e* lorsqu'il est placé devant une consonne ;
– on ne le compte pas lorsqu'il est placé devant une voyelle, ou bien lorsqu'il est en fin de vers.
Exemple : « Demain, dès l'aub**e**, à l'heur**e** où blanchit la campagn**e** » (Victor Hugo).
Dans ce vers, les trois *e* sont muets : les deux premiers sont suivis d'une voyelle, le troisième est situé en fin de vers.

En français, les vers s'associent entre eux, selon une récurrence de sons dont **la rime** est la principale représentante. On peut classer les rimes suivant leur richesse :

– une rime est dite **riche** lorsque trois sons, au moins, sont en commun entre les deux vers : *sombre/ ombre* (son [ɔ̃] + son [b]+ son [ʀ], le *e* final étant muet) ;

– une rime est **suffisante** lorsque deux sons sont en commun : *orage/ ravage* (son [a] + son [ʒ], le *e* final étant toujours muet) ;

– une rime est **pauvre** si elle ne comporte qu'un son en commun : *beau/ château* (son [o]).

Plusieurs **dispositions** possibles :

– les rimes **plates** ou **suivies** se succèdent selon le **schéma aabb** ;

– les rimes **croisées** sont alternées et suivent le **schéma abab** ;

– pour les rimes **embrassées**, les rimes externes encadrent les rimes internes selon le **schéma abba**.

Il arrive que la rime soit remplacée par une **assonance**, c'est-à-dire la similitude d'une voyelle d'un vers à l'autre, mais avec une différence de consonne : dans le couple *farine/ pastille*, on a ainsi une assonance en *i*. L'assonance était pratiquée au Moyen Âge, et certains poètes modernes l'emploient de nouveau. Exemple d'un vers comprenant une assonance en *ou* et une assonance en *a* : « L'élixir de t**a** b**ou**che où l'**a**m**ou**r se p**a**v**a**ne » (Baudelaire ; « Sed non satiata », *Les Fleurs du Mal*, 1857.).

L'**allitération**, c'est-à-dire la répétition d'un son donné par des consonnes, contribue également à la musicalité du vers et **aux jeux sur les sonorités**.

Exemple d'allitération en *f* : « Un **f**rais par**f**um sortait des tou**ff**es d'as**ph**odèles » (Victor Hugo, « Booz endormi », *La Légende des siècles*, 1859-1883).

Un vers correspond à une certaine diction. La manière dont les mots et syllabes s'enchaînent, dans le cadre du vers, donne le **rythme du vers** et donc celui de la poésie.

Les vers longs, (décasyllabes et alexandrins), se partagent le plus souvent en deux **hémistiches** (moitié de vers), autour d'une **césure** (milieu du vers). Par exemple, le vers suivant : « Tout m'afflige et me nuit // et conspire à me nuire » est composé de deux hémistiches, de six syllabes chacun.

La césure est alors une pause, un repos de la voix (qui peut correspondre à une reprise du souffle, mais n'est pas nécessairement placée à la fin d'un mot). Cette césure centrale donne donc un **rythme binaire** à l'alexandrin.

Toutefois, certains poètes ne marquent pas la césure, et préfèrent donner un **rythme ternaire** au vers.

MOTS-CLÉS

DIÉRÈSE ET SYNÉRÈSE

Elles influent sur le comptage des syllabes. Elles concernent l'association de deux voyelles, dont la première est un *i*, *u* ou *ou*. Dans le langage courant, on prononce ces associations en une seule syllabe (synérèse) : *nuit* en une syllabe, *union* en deux syllabes, etc. En versification, le poète a le choix : soit il adopte le mode courant, effectuant ainsi une synérèse ; soit il désire une prononciation en deux syllabes, nommée diérèse.

Exemple : « Vous êtes mon lion superbe et généreux » (Victor Hugo) On n'obtient les douze syllabes de cet alexandrin que si l'on prononce *li/on* en deux syllabes (diérèse).

MÈTRE

Nombre de syllabes d'un vers.

ZOOM SUR...

Un exemple de versification complexe.

« Murs, ville/ Et port,/ Asile/ De mort,/ Mer grise/ Où brise/ La brise/ Tout dort.
Dans la plaine/ Naît un bruit./ C'est l'haleine/ De la nuit./ Elle brame/ Comme une âme/ Qu'une flamme/ Toujours suit.
La voix plus haute/ Semble un grelot./ D'un nain qui saute/ C'est le galop./ Il fuit, s'élance,/ Puis en cadence/ Sur un pied danse/ Au bout d'un flot. [...] »
(« Les Djinns », *Les Orientales*, de Victor Hugo, 1829.)

Hugo fait correspondre versification et signification : le mètre utilisé augmente d'une syllabe au fur et à mesure qu'est évoquée l'approche des djinns (esprits malfaisants) dans un crescendo où le bruit est de plus en plus effrayant. Ainsi, la première strophe est en dissyllabes, la deuxième en trisyllabes, puis le mètre passe au quadrisyllabe et continue à s'amplifier jusqu'à un décasyllabe dans la strophe centrale. Puis vient le decrescendo : le mètre diminue dans un mouvement inverse et symétrique au précédent, symbolisant la menace qui s'éloigne.